FOM-Edition
FOM Hochschule für Oekonomie &
Management

Bücher, die relevante Themen aus wissenschaftlicher Perspektive beleuchten, sowie Lehrbücher schärfen das Profil einer Hochschule. Im Zuge des Aufbaus der FOM gründete die Hochschule mit der *FOM-Edition* eine wissenschaftliche Schriftenreihe, die allen Hochschullehrenden der FOM offensteht. Sie gliedert sich in die Bereiche Lehrbuch, Fachbuch, Sachbuch, International Series sowie Dissertationen. Die Besonderheit der Titel in der Rubrik Lehrbuch liegt darin, dass den Studierenden die Lehrinhalte in Form von Modulen in einer speziell für das berufsbegleitende Studium aufbereiteten Didaktik angeboten werden. Die FOM ergreift mit der Herausgabe eigener Lehrbücher die Initiative, der Zielgruppe der studierenden Berufstätigen sowie den Dozierenden bislang in dieser Ausprägung nicht erhältliche, passgenaue Lehr- und Lernmittel zur Verfügung zu stellen, die eine ideale und didaktisch abgestimmte Ergänzung des Präsenzunterrichtes der Hochschule darstellen. Die Sachbücher hingegen fokussieren in Abgrenzung zu den wissenschaftlich-theoretischen Fachbüchern den Praxistransfer der FOM und transportieren konkrete Handlungsimplikationen. Fallstudienbücher, die zielgerichtet für Bachelor- und Master-Studierende eine Bereicherung bieten, sowie die englischsprachige *International Series,* mit der die Internationalisierungsstrategie der Hochschule flankiert wird, ergänzen das Portfolio. Darüber hinaus wurden in der FOM-Edition jüngst die Voraussetzungen zur Veröffentlichung von Dissertationen aus kooperativen Promotionsprogrammen der FOM geschaffen.

FOM Hochschule für Oekonomie & ManagementKompakt.FOM Hochschule f. Oekonomie & ManagementBücher, die relevante Themen aus wissenschaftlicher Perspektive beleuchten, sowie Lehrbücher schärfen das Profil einer Hochschule. Im Zuge des Aufbaus der FOM gründete die Hochschule mit der FOM-Edition eine wissenschaftliche Schriftenreihe, die allen Hochschullehrenden der FOM offensteht. Sie gliedert sich in die Bereiche Lehrbuch, Fachbuch, Sachbuch, International Series sowie Dissertationen. Seit 2023 ergänzen zudem die Reihen FOM-Edition Kompakt und FOM-Edition Studium kompakt, mit denen komprimierte Inhalte kurzfristig herausgegeben werden können, das Portfolio.

Die Reihe FOM-Edition Kompakt ist thematisch breit gefächert. Die Bände der Reihe behandeln in knappem, schnell rezipierbarem Umfang hochaktuelle Themen und gegenwärtige Fragestellungen, die es Leserinnen und Lesern aus Wissenschaft und Praxis ermöglichen, sich schnell auf den neuesten Stand zu bringen.

Katrin Keller · Henrik Dindas

Innovatives Lehren und Lernen an Hochschulen

Transferorientierte Handlungsprinzipien

Katrin Keller
FOM Hochschule
Essen, Deutschland

Henrik Dindas
FOM Hochschule
Essen, Deutschland

ISSN 2625-7114 ISSN 2625-7122 (electronic)
FOM-Edition
ISBN 978-3-658-49498-8 ISBN 978-3-658-49499-5 (eBook)
https://doi.org/10.1007/978-3-658-49499-5

Die Deutsche Nationalbibliothek verzeichnet diese Publikation in der Deutschen Nationalbibliografie; detaillierte bibliografische Daten sind im Internet über https://portal.dnb.de abrufbar.

Springer Gabler ist ein Imprint der eingetragenen Gesellschaft Springer Fachmedien Wiesbaden GmbH und ist ein Teil von Springer Nature.
Die Anschrift der Gesellschaft ist: Abraham-Lincoln-Str. 46, 65189 Wiesbaden, Germany

Wenn Sie dieses Produkt entsorgen, geben Sie das Papier bitte zum Recycling.

Vorwort

Wie Hochschulen heute lehren und lernen, steht zunehmend unter dem Einfluss gesellschaftlicher, technologischer und politischer Umbrüche. Die Ansprüche an Lehre steigen – insbesondere durch die wachsende Heterogenität der Studierenden, den digitalen Wandel und die Dynamik der Arbeitswelt. Hochschuldidaktik muss sich daher in einem Spannungsfeld zwischen Bewahren und Erneuern bewegen: Sie soll bestehende Strukturen stabilisieren und gleichzeitig offen für innovative, flexible Formate bleiben. Dieser Band der FOM-Edition Kompakt greift diesen Gedanken auf und entwickelt didaktische Handlungsprinzipien, die nicht als starres Modell, sondern als anpassungsfähige Orientierung dienen. Ziel ist es, eine Lehre zu fördern, die praxisnah, reflektiert und zukunftsorientiert ist – eine Lehre, die nicht belehrt, sondern herausfordert, zum Nachdenken anregt und eigenständiges Lernen ermöglicht. Dabei werden fundierte Theorien mit konkreten Gestaltungsansätzen verknüpft – im Sinne einer Hochschulbildung, die Studierende befähigt, selbstwirksam und kritisch in einer komplexen Welt zu agieren. Durch die Verbindung wissenschaftlicher Fundierung mit praxisorientierten Lehr-Lern-Formaten bietet dieser Band der FOM-Edition Kompakt wertvolle Impulse für alle, die die Hochschullehre aktiv mitgestalten möchten – sei es als Hochschullehrende, Bildungspolitikerinnen und -politiker oder Verantwortliche in der Studiengangsentwicklung. Darüber hinaus richtet es sich an Mitarbeitende in der Hochschulverwaltung, die Lehr- und Lernprozesse strategisch steuern, sowie an Didaktikerinnen und Didaktiker und Qualitätsmanagerinnen und -manager, die sich mit der Weiterentwicklung von Lehrkonzepten befassen. Auch

Studienberaterinnen und -berater sowie akademische Koordinatorinnen und Koordinatoren profitieren von den dargestellten Ansätzen, da diese dazu beitragen können, Studienangebote gezielt an die Bedürfnisse einer heterogenen Studierendenschaft anzupassen.

Katrin Keller
Henrik Dindas

Was Sie in diesem Band der FOM-Edition Kompakt finden können

- Überblick über aktuelle Transformationstreiber der Hochschullehre – von Digitalisierung über Future Skills bis hin zu Post-Digitalität.
- Einführung in zentrale didaktische Handlungsprinzipien für eine zukunftsorientierte, praxisnahe und studierendenzentrierte Lehre.
- Konkrete Umsetzungsbeispiele für aktives, selbstgesteuertes, konstruktives, situatives und kollaboratives Lernen.
- Reflexion der Rolle von Lehrenden in dynamischen Lernumgebungen sowie Impulse zur Weiterentwicklung der Lehrpraxis.
- Ein Kompass für Lehrende, Studiengangsverantwortliche und Hochschulentwicklerinnen und -entwickler zur Gestaltung nachhaltiger Lehr-Lern-Konzepte.

Inhaltsverzeichnis

1 **Hinführung – Wozu?**................................... 1
   1.1   Transformation in der Hochschullehre: Trends und Treiber 3
   1.2   Future, Global und Emerging Skills:
          Anforderungen der Zukunft?........................... 6

2 **Transferorientierte Handlungsprinzipien – Ansätze und**
  Umsetzungsbeispiele..................................... 11
   2.1   Aktives Lernen: Beteiligung und Engagement fördern.......... 16
   2.2   Selbstgesteuertes Lernen und Autonomie 18
   2.3   Konstruktives Lernen: Das Prinzip des
          Constructive Alignment............................... 21
   2.4   Situatives Lernen: Kontext und Relevanz
          im Lehr-Lernprozess 25
   2.5   Kollaboratives und soziales Lernen:
          Gemeinschaften schaffen.............................. 27

3 **Handlungsempfehlungen für die Hochschullehre** 31

4 **Fazit und Ausblick: Didaktik im Wandel** 35

Was Sie aus diesem Band der FOM-Edition Kompakt
mitnehmen können 39

Literatur... 41

Über die Autorin und den Autor

Prof. Dr. Katrin Keller ist Professorin für Gesundheitspädagogik und Personalentwicklung sowie als Prorektorin Lehre an der FOM Hochschule tätig. Sie weist langjährige Beratungs- und Trainingserfahrungen in den Bereichen Führung, Kommunikation und Personal- sowie Organisationsentwicklung (www.katrinkeller.com) auf. Ihr Leitmotiv „Menschlich denken – unternehmerisch handeln" zieht sich wie ein roter Faden durch ihre Tätigkeiten.

Prof. Dr. Henrik Dindas ist Professor für Hochschuldidaktik und wissenschaftlicher Leiter des KompetenzCentrums für Didaktik an der FOM Hochschule in Essen. Darüber hinaus arbeitet er als freiberuflicher Berater und systemischer Coach für Hochschuldidaktik (www.hd-coaching.de) mit mehreren Jahren Erfahrung in den Bereichen Hochschuldidaktik, Hochschulentwicklung, Qualitätsmanagement und Evaluation, zum Beispiel als stellvertretender Vorsitzender für internationale Akkreditierungsaudits.

Hinführung – Wozu?   1

Inhaltsverzeichnis

1.1   Transformation in der Hochschullehre: Trends und Treiber   3
1.2   Future, Global und Emerging Skills: Anforderungen der Zukunft?   6

Wie wird an der Hochschule der Zukunft gelehrt und gelernt? Diese Frage ist nicht nur Gegenstand wissenschaftlicher Diskurse (Vgl. Machado et al., 2024; Liu et al., 2023; Rhein & Wildt, 2023; Bohndick et al., 2021), sondern auch eine zentrale Herausforderung für die Hochschulpolitik und Bildungspraktikerinnen und -praktiker (Vgl. Hochschulforum Digitalisierung, 2022; Wissenschaftsrat, 2022; Stiftung Innovation in der Hochschullehre, 2022; Global University Leaders Council Hamburg, 2023; OECD, 2020). In einer Welt, die sich durch digitale Transformation, demografischen Wandel und sich stetig verändernde Arbeitsanforderungen rasant weiterentwickelt, muss auch die Hochschullehre neuen Ansprüchen gerecht werden. Studierende sind heute heterogener denn je (Vgl. Wallis & Bosse, 2020): Sie unterscheiden sich in ihren Bildungsbiografien, Lebensrealitäten und beruflichen Verpflichtungen. Insbesondere berufstätige Studierende benötigen flexible, praxisnahe und innovative Lehr-Lern-Konzepte, die eine effektive Verbindung von Studium und beruflicher Anwendung ermöglichen (Vgl. Pütz & Döringer, 2024). Um diesen Herausforderungen gerecht zu werden, muss die Hochschullehre nicht nur auf aktuelle Entwicklungen reagieren, sondern gleichzeitig zukunftsorientiert gestaltet werden (Vgl. Wissenschaftsrat, 2022) – eine Balance, die angesichts der sich stetig wandelnden Rahmenbedingungen weder statisch noch abschließend definiert werden kann. Gleichzeitig unterliegt jede Zukunftsvision inhärenten Limitationen: Die Zukunft der

K. Keller und H. Dindas, *Innovatives Lehren und Lernen an Hochschulen*, FOM-Edition, https://doi.org/10.1007/978-3-658-49499-5_1
                                                                                    1

Hochschulbildung kann nicht vorhergesagt werden, da sie von zahlreichen externen Faktoren beeinflusst wird (Vgl. Reinmann, 2024b). Aktuelle geopolitische und wirtschaftliche Entwicklungen zeigen, wie unvorhersehbar sich gesellschaftliche Rahmenbedingungen verändern können – sei es durch technologische Disruptionen, Krisen oder neue bildungspolitische Steuerungsmaßnahmen. Diese Unvorhersehbarkeit erfordert eine Hochschuldidaktik, die nicht auf statischen Modellen beruht, sondern anpassungsfähig und flexibel bleibt. In diesem Zusammenhang wird das Konzept der Ambidextrie (Vgl. Mayrberger, 2024) bedeutsam, dass die Fähigkeit beschreibt, gleichzeitig bestehende Strukturen zu stabilisieren und neue Entwicklungen zu explorieren. Hochschulen müssen demnach zwei zentrale Aufgaben bewältigen: Einerseits benötigen sie verlässliche didaktische Handlungsprinzipien, die Qualität und Kontinuität in der Lehre sicherstellen. Andererseits müssen sie offen für Innovationen sein, um neue Lehr- und Lernformate zu erproben, auf gesellschaftliche Veränderungen zu reagieren und Studierende optimal auf eine dynamische Arbeitswelt vorzubereiten. Diese Ambidextrie stellt jedoch auch Herausforderungen dar: Ein zu starkes Festhalten an bestehenden Strukturen kann notwendige Anpassungen verhindern, während eine zu innovationsgetriebene Hochschuldidaktik Gefahr läuft, langfristige wissenschaftliche Fundierung zugunsten kurzfristiger Trends zu vernachlässigen.

Hochschullehre ist folglich ein lebendiges System, das sich kontinuierlich weiterentwickelt, beeinflusst durch technologische Fortschritte, gesellschaftliche Transformationsprozesse und neue Erkenntnisse aus der Bildungsforschung, was auch als Spannungsfeld zwischen individueller und institutioneller Verantwortung gesehen werden kann (Vgl. Bohndick et al., 2021). Dabei zeigt sich, dass diese Entwicklung selten sprunghaft oder revolutionär verläuft, sondern vielmehr einer evolutionären Dynamik folgt, auch wenn dies im Fokus aktueller Entwicklungen im Bereich Künstliche Intelligenz (KI) so scheinen mag (Vgl. Reinmann, 2024a). Es ist nicht die vollständige Abkehr von traditionellen Ansätzen, sondern deren gezielte Weiterentwicklung, die den Wandel der Lehr- und Lernkultur nachhaltig prägt. Daran anknüpfend steht die Hochschuldidaktik also eigentlich schon immer vor der Herausforderung, diesen dynamischen Rahmen in konkrete Gestaltungsprinzipien zu überführen (Vgl. Rhein & Wildt, 2023). Sie muss einerseits wissenschaftlich fundierte Lehrkonzepte entwickeln, die Lehrende in der Planung, Durchführung und Reflexion ihrer Lehre unterstützen, und andererseits flexibel genug bleiben, um auf künftige Entwicklungen reagieren zu können. Dabei geht es nicht um starre Modelle oder kurzfristige Innovationen, sondern um tragfähige didaktische Handlungsprinzipien, die als Orientierungslinien für eine nachhaltige Weiterentwicklung der Hochschullehre dienen (Vgl. Reinmann, 2016).

Die hier vorgestellte FOM-Edition Kompakt bewegt sich daher bewusst in diesem Spannungsfeld: Sie vereint wissenschaftlich bewährte Prinzipien mit einer offenen, flexiblen Perspektive, um die Hochschullehre weiterzuentwickeln. Didaktische Handlungsprinzipien dienen in diesem Kontext als navigierbare Bezugspunkte, die Hochschulen und Lehrende dabei unterstützen, ihre Lehre kontinuierlich zu reflektieren, weiterzuentwickeln und an neue Herausforderungen anzupassen. Sie bilden somit nicht nur eine Grundlage für die heutige Hochschuldidaktik, sondern auch einen dynamischen Rahmen für zukünftige Entwicklungen – stets mit der Einsicht, dass jede gegenwärtige Erkenntnis nur ein Teil eines fortlaufenden wissenschaftlichen Prozesses ist. Dabei wird keine universelle Lösung für die Hochschuldidaktik der Zukunft präsentiert – vielmehr wird ein Rahmen geschaffen, der es ermöglicht, Lehr-Lern-Modelle an spezifische fachliche, institutionelle und gesellschaftliche Anforderungen anzupassen. Wichtig zu betonen ist in diesem Zusammenhang, dass die hier vorgestellten didaktischen Konzepte nicht isoliert stehen, sondern sie basieren auf dem Prinzip „Auf den Schultern von Riesen" (Dindas, 2024a). Sie bauen auf den wertvollen Erkenntnissen jener auf, die das Lernen aus verschiedenen Perspektiven erforscht haben und deren Arbeiten bis heute unser Verständnis davon prägen, denn es ist unerlässlich, diese Theorien nicht nur als historische Referenz zu betrachten, sondern als lebendige Grundlage, die sich mit neuen Herausforderungen weiterentwickelt. Die hier abgeleiteten didaktischen Handlungsprinzipien stehen in dieser Tradition: Sie bieten keinen starren Regelkatalog, sondern dienen als Orientierungslinien, die Lehrende immer wieder an neue gesellschaftliche, technologische und bildungspolitische Rahmenbedingungen anpassen können. Dieser Band der FOM-Edition Kompakt bietet folglich keinen Masterplan, sondern einen Kompass zur bewussten Gestaltung von Lehre zwischen Tradition und Innovation.

1.1 Transformation in der Hochschullehre: Trends und Treiber

Die Transformation der Hochschullehre wird in der wissenschaftlichen Literatur intensiv untersucht und stellt ein vielschichtiges Phänomen dar. Einen aktuellen Überblick über zentrale Entwicklungen und Herausforderungen liefert das Hochschul-Barometer des Stifterverbands, das regelmäßig Daten und Analysen zur Lage der Hochschulen in Deutschland bereitstellt (Vgl. Stifterverband, o. J.). Es beleuchtet unter anderem, wie sich Digitalisierung, Internationalisierung und veränderte Studierendenbedarfe auf die Hochschullehre auswirken und welche

Strategien Hochschulen zur Bewältigung dieser Transformationen entwickeln. Diese Transformation ist nicht nur ein vorübergehender Trend, sondern ein kontinuierlicher Wandel, der Hochschulen vor anhaltende Anpassungsprozesse stellt (Vgl. Berthold et al., 2023). Im Folgenden werden exemplarisch einige zentrale Trends und Treiber vorgestellt, die als Orientierungspunkte dienen sollen. Diese Auswahl ist jedoch nicht als abschließende Aufzählung zu verstehen, sondern als Einblick in wesentliche Entwicklungen, die durch entsprechende Quellen untermauert werden.

Digitalisierung

E-Learning und Blended Learning: Die Schaffung flexibler Lernumgebungen und die Verwendung digitaler Lernformate haben signifikante Auswirkungen auf das Lernen der Studierenden. Virtuelle Klassenzimmer und Online-Ressourcen ermöglichen es, dass Lehrmaterialien jederzeit und überall zugänglich sind. Diese Vielfalt an Lernmöglichkeiten fördert nicht nur die Autonomie der Lernenden, sondern auch ihre Fähigkeiten, sich in einer zunehmend digitalisierten Welt zurechtzufinden (Vgl. Kerres, 2024).

Individualisierung des Lernens

Personalisierte Lernpfade: Studierende wünschen sich häufig die Möglichkeit, selbstbestimmt zu lernen, was durch digitale Tools und adaptive Lernsysteme unterstützt wird. Diese Technologien ermöglichen es, Lerninhalte an die individuellen Bedürfnisse, Interessen und den Fortschritt der Studierenden anzupassen, was das Engagement und die Motivation steigert (Vgl. Schaumburg, 2021).

Interdisziplinarität

Vernetzung von Fachbereichen: Die Verknüpfung unterschiedlicher Disziplinen wird immer wichtiger, um komplexen Problemlösungen gerecht zu werden. Studierende sind gefordert, über den Tellerrand ihrer eigenen Fachbereiche hinauszublicken, um zusammen mit anderen Disziplinen innovativ zu denken und praxisrelevante Lösungen zu entwickeln (Vgl. Chieh, 2025).

Wissenschaftliche Ansprüche und Berufsvorbereitung

Praxisorientierte Lehre: Die Integration praktischer Elemente in die Lehre ist entscheidend für die Vorbereitung auf den Arbeitsmarkt. Studiengänge, die Berufspraktika, Projektarbeiten oder praxisnahe Forschungsprojekte einschließen, bieten den Studierenden wertvolle Einblicke in die Realität der jeweiligen Berufsfelder (Vgl. Dindas, 2024b).

Nachhaltigkeit und soziale Verantwortung

Nachhaltige Entwicklungsziele (Sustainable Development Goals): Hochschulen übernehmen zunehmend Verantwortung, indem sie Themen wie Klimaschutz, soziale Gerechtigkeit und wirtschaftliche Nachhaltigkeit in ihre Curricula integrieren. Die Auseinandersetzung mit diesen gesellschaftlich relevanten Themen fördert nicht nur das Verantwortungsbewusstsein der Studierenden, sondern trägt auch zur Schaffung einer nachhaltigeren Zukunft bei (Vgl. Odintsova, 2024).

Kollaboration und Netzwerke

Internationale Kooperationen: Globale Netzwerke und Austauschprogramme stärken die Ausbildung und Perspektiven der Studierenden. Der interkulturelle Austausch und die Möglichkeit, Studierende aus verschiedenen kulturellen und akademischen Hintergründen zu treffen, fördern ein breiteres Verständnis für globale Herausforderungen und bieten wertvolle Erfahrungen, die im späteren Berufsleben von Bedeutung sind (Vgl. Abegglen et al., 2023).

Die Transformationsprozesse in der Hochschullehre sind komplex und vielschichtig und werden durch technologische, gesellschaftliche sowie wirtschaftliche Entwicklungen vorangetrieben. In dieser dynamischen Umgebung ist es unerlässlich, dass Hochschulen kontinuierlich innovative Ansätze verfolgen und kritisch reflektieren, wie sie die oben genannten Trends und Treiber in ihre Lehrpläne und Lehrmethoden integrieren können. Die wissenschaftliche Literatur liefert wertvolle Einblicke in die Herausforderungen und Chancen, die mit diesen Wandelprozessen verbunden sind. Nur durch einen proaktiven und adaptiven Ansatz können Hochschulen sicherstellen, dass sie den Bedürfnissen der Studierenden und dem sich ständig verändernden Arbeitsmarkt auch gerecht werden.

Während fachliches Wissen nach wie vor eine zentrale Rolle spielt, rücken zunehmend Fähigkeiten in den Fokus, die es Studierenden ermöglichen, sich souverän in einer globalisierten, digitalisierten und dynamischen Arbeitswelt zu bewegen (Vgl. Dindas, 2024a). Die Anforderungen an diese Kompetenzen entwickeln sich stetig weiter, weshalb Hochschulen nicht nur bestehende Qualifikationsprofile überdenken, sondern auch neue Bedarfe identifizieren und in ihre Curricula integrieren müssen. Eine bewusste Auseinandersetzung mit diesen Entwicklungen trägt dazu bei, Studierende langfristig auf die Herausforderungen und Möglichkeiten einer sich wandelnden Berufswelt vorzubereiten. Hochschulen stehen daher vor der Herausforderung, diese Zukunftskompetenzen systematisch in ihre Curricula zu integrieren, um Studierende auf lebenslanges Lernen und berufliche Flexibilität vorzubereiten. Gleichzeitig muss jedoch kritisch hinterfragt werden, was das Wesen von Hochschulbildung eigentlich ausmacht – eine Debatte, die insbesondere durch die Argumentationen von Kalz und Reinmann (2024) angeregt wurde. Hochschulen dürfen sich nicht ausschließlich an kurzfristigen Anforderungen des Arbeitsmarktes orientieren, sondern müssen auch ihre wissenschaftsgeleitete Bildungsfunktion reflektieren. In diesem Spannungsfeld zwischen Employability und akademischer Bildung gilt es, eine Balance zu finden, die sowohl zukunftsrelevante Kompetenzen vermittelt als auch die Eigenständigkeit und kritische Reflexionsfähigkeit der Studierenden stärkt.

Die folgenden Abschnitte widmen sich diesem Transformationstreiber im Detail. Dabei wird analysiert, wie Future, Global und Emerging Skills systematisch gefördert werden können. Die Auseinandersetzung mit diesem Themenfeld ist entscheidend, um eine zukunftsfähige Hochschullehre zu gestalten und Studierende bestmöglich auf die Anforderungen einer zunehmend komplexen, vernetzten und dynamischen Welt zu begleiten. Dabei geht es nicht nur darum, sie auf neue Herausforderungen vorzubereiten, sondern sie aktiv in ihrem Lernprozess zu unterstützen, ihnen Orientierung zu bieten und sie dabei zu befähigen, sich eigenständig und reflektiert in einer sich wandelnden Umwelt zu positionieren.

1.2   Future, Global und Emerging Skills: Anforderungen der Zukunft?

Die Integration von auf die Zukunft ausgerichteten Kompetenzen wie Future Skills, Global und Emerging Skills in die Curricula der Hochschulen wird zunehmend als essenziell betrachtet, um den Anforderungen einer dynamischen und sich kontinuierlich verändernden Arbeitswelt gerecht zu werden (Vgl. Dindas, 2025). Zukünftige Kompetenzmodelle legen den Fokus auf die Förderung dieser zentralen Fähigkeiten, um im Berufsleben agil und flexibel agieren zu können (Vgl. Ehlers & Eigbrecht, 2024). Diese Fähigkeiten ermöglichen es, Studieninhalte aktiv anzuwenden und die Grundlagen für lebenslanges Lernen zu schaffen. Die Schaffung und Anpassung von Curricula auf Grundlage wissenschaftlicher Erkenntnisse zu Future Skills erweisen sich in diesem Kontext als notwendige Maßnahme (Vgl. Horstmann, 2023). Gleichzeitig muss diese Entwicklung vor dem Hintergrund berechtigter Kritik (Vgl. Kalz & Reinmann, 2024) reflektiert werden. Hochschulbildung darf sich nicht ausschließlich an aktuellen Trendbegriffen orientieren, doch es lässt sich nicht ignorieren, dass Förderprogramme des Bundes und anderer Institutionen gezielt auf diese Entwicklungen reagieren und dadurch auch strukturelle Veränderungen in Hochschulen bewirken. Zudem kann eine bewusste Auseinandersetzung mit vermeintlich neuen Kompetenzanforderungen sehr befruchtend für die Hochschulentwicklung sein – insbesondere, wenn Future Skills nicht top-down vorgegeben, sondern partizipativ unter Einbindung aller Akteursgruppen definiert werden (Vgl. Dindas, 2025). Ein solcher gemeinsamer Prozess kann nicht nur die Relevanz von Kompetenzmodellen erhöhen, sondern auch zu einer kritischeren und differenzierteren Diskussion über die tatsächlichen Bedarfe in Studium und Beruf beitragen.

Future Skills sind nicht nur für die berufliche Weiterentwicklung von Bedeutung, sondern spielen auch eine zentrale Rolle in der Persönlichkeitsbildung der Lernenden. Kritisches Denken, Problemlösungskompetenz und Adaptivität sind essenzielle Fähigkeiten in einer von Digitalisierung und Globalisierung geprägten Arbeitswelt. Ehlers und Eigbrecht (2024) betonen, dass diese Kompetenzen nicht isoliert betrachtet, sondern in Lehrplane eingebettet werden sollten, um ihre volle Wirkung zu entfalten. Allerdings darf die Auseinandersetzung mit Future Skills nicht als schematische Übertragung allgemeingültiger Kompetenzmodelle verstanden werden. Vielmehr ist eine partizipativ entwickelte Future Skills Literacy erforderlich, die die spezifischen Gegebenheiten und Bedarfe der jeweiligen Hochschule berücksichtigt und nicht pauschale Schlussfolgerungen zieht (Vgl. Dindas, 2025). Eine solche Herangehensweise ermöglicht es, Future Skills gezielt dort zu verankern, wo sie für Studierende und Lehrende gleichermaßen relevant sind. Die Herausforderung liegt darin, diese Fähigkeiten nicht nur theoretisch zu verankern, sondern ihre praktische Anwendung sinnvoll zu integrieren. Häufig erkennen Hochschulen zwar die Bedeutung dieser Kompetenzen, müssen jedoch zwischen traditionellen Lehrmethoden und innovativen Ansätzen abwägen. Dies führt oftmals zu einer fragmentierten Implementierung von Future

Skills in Studiengänge. Eine systematische, institutionell verankerte und partizipativ gestaltete Future Skills Literacy könnte dazu beitragen, diese Lücke zu schließen und eine Hochschuldidaktik zu fördern, die langfristig tragfähig ist.

Eine gezielt entwickelte Future Skills Literacy kann jedoch nur dann wirksam werden, wenn sie nicht isoliert vermittelt, sondern eng mit realen Anwendungskontexten verknüpft wird. Gerade in der Hochschullehre zeigt sich, dass reine Wissensvermittlung nicht ausreicht, um Studierende nachhaltig auf komplexe berufliche Anforderungen vorzubereiten. Vielmehr braucht es eine didaktische Gestaltung, die Theorie und Praxis systematisch verbindet. Vor diesem Hintergrund spielt die Verknüpfung von akademischem Wissen mit beruflicher Praxis eine zentrale Rolle in der modernen Hochschuldidaktik, insbesondere in berufsbegleitenden Studienprogrammen (Vgl. Dindas, 2021). Ein transferorientierter Ansatz trägt dazu bei, dass theoretische Inhalte nicht abstrakt bleiben, sondern direkt in reale berufliche Kontexte übertragen und dort reflektiert werden können (Vgl. Schulte, 2019). Durch die gezielte Verzahnung von wissenschaftlichen Erkenntnissen mit praktischen Herausforderungen wird nicht nur der Wissenserwerb vertieft, sondern auch die Entwicklung berufsrelevanter Kompetenzen gefördert. Studien zeigen, dass dieser praxisnahe Ansatz die Lernmotivation steigert und die nachhaltige Verankerung von Wissen unterstützt (Vgl. Diederichs & Desoye, 2023; Gerstung & Deuer, 2021). Berufsbegleitend Studierende stehen hier vor der besonderen Herausforderung, ihre akademische Weiterbildung mit beruflichen und privaten Verpflichtungen zu vereinbaren (Vgl. Gaedke et al., 2011). Dies erfordert nicht nur ein hohes Maß an Selbstorganisation, sondern auch flexible Lehrformate, die sich an ihre spezifischen Bedürfnisse anpassen. Dabei dürfen die Anforderungen dieser Zielgruppe, wie Zeitmangel und hohe berufliche Verpflichtungen, nicht außer Acht gelassen werden. Hochschulen sollten ihre Lehrplanung systematisch auf diese Zielgruppen ausrichten, um die spezifischen Bedürfnisse berufstätiger Studierender zu erfüllen und gleichzeitig wissenschaftliche Kompetenz sowie Praxisbezug zu gewährleisten (Vgl. Müller et al., 2018).

Die Reflexion über wie auch immer beschriebene Future Skills oder Kompetenzen muss daher auch unter der Perspektive betrachtet werden, wie sie diesen Studierenden konkret helfen, ihre akademische und berufliche Entwicklung miteinander zu verknüpfen. Obwohl eine transferorientierte Didaktik praxisnahe Ansätze bietet, zeigt sich, dass ihre erfolgreiche Umsetzung stark von der Qualität der Lehre und der Motivation der Lehrenden abhängt. Genau dies ist auch die Quintessenz von Hatties (2024) vielbeachteter Metastudie, in der er erneut herausstellt, dass die Lehrperson selbst den größten Einfluss auf den Lernerfolg der Studierenden hat. Die didaktische Gestaltung und methodische Umsetzung spielen folglich eine entscheidende Rolle dabei, ob der Wissenstransfer tatsächlich gelingt und Studierende die Inhalte in ihrem beruflichen Alltag anwenden können. Daher wäre eine intensivere Forschung zur Evaluierung der Praktikabilität solcher didaktischen Konzepte wünschenswert.

Ein praxisorientierter Lehransatz wird in der Diskussion um die Verbindung von akademischer Lehre und beruflicher Praxis als entscheidender Faktor für die Kompetenzentwicklung betrachtet. Insbesondere in berufsbegleitenden Studiengängen spielt die enge Verzahnung von Theorie und Praxis eine zentrale Rolle, da sie die direkte Anwendung wissenschaftlicher Erkenntnisse im Arbeitsalltag ermöglicht (Vgl. Dindas, 2021). Nur wenn Studierende das Erlernte unmittelbar in ihrem beruflichen Umfeld erproben und weiterentwickeln können, entfaltet Hochschulbildung ihre volle Wirksamkeit (Vgl. Müller et al., 2018).

Zusammenfassend zeigt sich, dass die Anforderungen der Zukunft in der Hochschullehre eine ganzheitliche Neuausrichtung in Curricula, Lehrmethoden und Technologieintegration erfordern. Die Verbindung von Future Skills, Global Skills und Emerging Skills mit akademischer Lehre ist unerlässlich, um eine zukunftsfähige und praxisnahe Ausbildung sicherzustellen.

Transferorientierte Handlungsprinzipien – Ansätze und Umsetzungsbeispiele

2

Inhaltsverzeichnis

2.1 Aktives Lernen: Beteiligung und Engagement fördern...................... 16
2.2 Selbstgesteuertes Lernen und Autonomie................................. 18
2.3 Konstruktives Lernen: Das Prinzip des Constructive Alignment............... 21
2.4 Situatives Lernen: Kontext und Relevanz im Lehr-Lernprozess.............. 25
2.5 Kollaboratives und soziales Lernen: Gemeinschaften schaffen.............. 27

Die zuvor ausführlich dargestellten Trends und Transformationen verdeutlichen, dass die Hochschullehre in einem stetigen Anpassungsprozess steht. Es reicht nicht mehr aus, Wissen lediglich zu vermitteln – vielmehr muss Lehre so gestaltet sein, dass sie Studierende dazu befähigt, dieses Wissen aktiv zu nutzen, kritisch zu reflektieren und auf neue Kontexte zu übertragen. Die stärkere Individualisierung des Lernens, die Interdisziplinarität sowie die wachsende Praxisorientierung stellen Hochschulen vor die Herausforderung, tragfähige didaktische Konzepte zu entwickeln, die sowohl wissenschaftlich fundiert als auch anwendungsorientiert sind. Um dieser Herausforderung zu begegnen, ist eine systematische Ausarbeitung didaktischer Handlungsprinzipien erforderlich, die Transferorientierung als zentrales Element in den Mittelpunkt rücken (Vgl. Brenne et al., 2023). Denn nur wenn Lehr- und Lernprozesse so gestaltet werden, dass sie Studierende auf eine dynamische, unvorhersehbare Arbeits- und Lebenswelt vorbereiten, können Hochschulen ihrem Bildungsauftrag gerecht werden. Im Folgenden werden daher transferorientierte didaktische Handlungsprinzipien entwickelt, die als strukturelle Orientierungspunkte dienen, jedoch gleichzeitig flexibel genug bleiben, um unterschiedliche fachliche, institutionelle und gesellschaftliche Anforderungen zu berücksichtigen. Dabei ist die Transformation der Hochschullehre mehr als

11

K. Keller und H. Dindas, *Innovatives Lehren und Lernen an Hochschulen*, FOM-Edition, https://doi.org/10.1007/978-3-658-49499-5_2

ein technologischer Wandel – sie verändert grundlegend, wie Wissen vermittelt, erworben und angewendet wird. In den vorherigen Abschnitten wurde herausgearbeitet, dass Individualisierung des Lernens, Interdisziplinarität und die zunehmende Praxisorientierung Hochschulen vor neue Herausforderungen stellen. Diese Entwicklungen verlangen nach Konzepten, die wissenschaftliche Fundierung und berufspraktische Relevanz verbinden und dabei flexibel genug sind, um sich an eine dynamische Arbeitswelt anzupassen. Hochschulen stehen daher vor der Aufgabe, Lehr- und Lernprozesse so zu gestalten, dass sie nicht nur Wissen vermitteln, sondern Studierende aktiv auf ihre zukünftigen beruflichen und gesellschaftlichen Rollen vorbereiten.

In diesem Spannungsfeld gewinnen transferorientierte bzw. didaktische Handlungsprinzipien an Bedeutung. Sie wurden aus den in den vorherigen Abschnitten dargelegten Veränderungen und Anforderungen abgeleitet und dienen als Orientierungslinien für Lehrende, um den Wandel aktiv zu gestalten. Ihr Ziel ist es, nicht kurzfristige Trends oder technikgetriebene Innovationen unkritisch zu übernehmen, sondern wissenschaftlich fundierte, langfristig tragfähige Leitlinien für die Hochschullehre bereitzustellen. Dabei stehen drei zentrale Aspekte im Fokus: Stabilität und Innovation ausbalancieren, Wissen mit Praxis verknüpfen und Lernprozesse an den Bedürfnissen einer heterogenen Studierendenschaft ausrichten. Diese Prinzipien folgen dem Grundsatz der Ambidextrie (Vgl. Mayrberger, 2024), der Hochschulen dazu befähigt, bewährte didaktische Strukturen zu erhalten, während sie gleichzeitig neue Lehr- und Lernformate erproben. Die Digitalisierung eröffnet zahlreiche neue Möglichkeiten, doch ohne eine durchdachte didaktische Einbettung bleibt ihr Potenzial ungenutzt. Lehrformate müssen daher mehr sein als nur technische Lösungen – sie sollten Lernprozesse aktiv unterstützen, Interaktion fördern und Reflexion ermöglichen. Ein transferorientierter Ansatz spielt hierbei eine zentrale Rolle: Wissen entfaltet erst dann seinen vollen Wert, wenn es systematisch mit realen Problemstellungen verknüpft wird. Dies gilt insbesondere für berufstätige Studierende, die akademische Inhalte unmittelbar in ihre Praxis einbringen müssen (Vgl. Dindas, 2024b).

Die didaktischen Handlungsprinzipien, die in diesem Kapitel vorgestellt werden, sind daher nicht abstrakte Konzepte, sondern wurden aus den zuvor dargelegten Transformationsprozessen systematisch entwickelt. Sie bieten einen Kompass für die Gestaltung einer zukunftsorientierten Hochschullehre, indem sie wissenschaftliche Fundierung, praxisnahe Anwendbarkeit und flexible Anpassungsfähigkeit miteinander verbinden. Dieses Kapitel erläutert die zentralen Prinzipien und zeigt anhand konkreter Umsetzungsbeispiele, wie sie in der Hochschullehre erfolgreich angewandt werden können.

Die in den vorherigen Abschnitten dargestellten Transformationen der Hochschullehre – insbesondere die zunehmende Individualisierung des Lernens, Interdisziplinarität und Praxisorientierung – erfordern bewusste didaktische Strategien, die Lehr- und Lernprozesse effektiver, nachhaltiger und anwendungsbezogener gestalten. Die didaktischen Handlungsprinzipien wurden auf Grundlage dieser Entwicklungen systematisch entwickelt und dienen als strategische Leitlinien, um den Anforderungen einer heterogenen Studierendenschaft sowie einer dynamischen Bildungs- und Arbeitswelt gerecht zu werden. Um das Lehren gezielt zu gestalten, müssen wir folglich das Lernen in all seinen Facetten verstehen – denn Lehren kann nur so wirksam sein, wie es das Lernen erlaubt. Diese Einsicht lässt sich mit einer Brücke vergleichen: Das Lehren bildet das stabile Fundament, das Wissen strukturiert, vermittelt und zugänglich macht. Doch diese Brücke hat nur dann Bestand, wenn die Konstruktion des Lernens berücksichtigt wird – also die Art und Weise, wie Studierende Inhalte aufnehmen, verarbeiten und in ihr eigenes Wissensnetz einbinden. Wenn das Fundament zu starr ist, ohne die Lernprozesse flexibel zu unterstützen, kann die Brücke nicht alle Studierenden sicher tragen. Fehlt hingegen eine durchdachte Architektur des Lehrens, bleibt das Lernen fragmentiert und unstet. Um eine tragfähige Verbindung zwischen Lehrenden und Lernenden zu schaffen, müssen wir uns also vorrangig mit den Prozessen des Lernens auseinandersetzen – erst dann kann das Lehren entsprechend darauf ausgerichtet werden. Die Herleitung der Prinzipien basiert auf evidenzbasierten Erkenntnissen zur Hochschuldidaktik und ist eng mit lerntheoretischen Grundsätzen verknüpft. Lernen wird dabei als ein Prozess verstanden, der aktiv, selbstgesteuert, konstruktiv, situativ und sozial erfolgt. Diese Erkenntnisse spiegeln sich in den fünf didaktischen Handlungsprinzipien wider, die nachfolgend erläutert werden:

Ein zentraler Grundsatz effektiven Lernens ist seine **Aktivität.** Studierende müssen sich aktiv mit den Lerninhalten auseinandersetzen, um nachhaltige Lernerfolge zu erzielen. Motivation und Interesse spielen dabei eine entscheidende Rolle, da nur durch persönliche kognitive Anstrengung Wissen vertieft und langfristig gefestigt werden kann. Die Hochschuldidaktik fördert diesen Prozess durch interaktive Formate, hybride Lernumgebungen und authentische Lernsettings, die die aktive Beteiligung der Lernenden gezielt anregen. Studien belegen, dass durch diese methodische Gestaltung der Lernprozesse die Verinnerlichung und Anwendung von Wissen deutlich verbessert wird.

Eng damit verknüpft ist das Prinzip des **selbstgesteuerten Lernens.** Der Aufbau von Wissen und Kompetenzen gelingt besonders dann, wenn Studierende ihre Lernprozesse eigenverantwortlich gestalten können. Dies erfordert geeignete Rahmenbedingungen, die durch formative Assessments, ergänzende Materialien und Reflexionsmöglichkeiten unterstützt werden. Solche Maßnahmen ermöglichen es den Lernenden, individuelle Lernwege zu entwickeln, ihren Fortschritt zu evaluieren und gezielt Anpassungen vorzunehmen. Die Förderung selbstregulierten Lernens verbessert nicht nur akademische Leistungen, sondern stärkt auch zentrale Future Skills wie kritisches Denken und lebenslanges Lernen.

Darüber hinaus ist Lernen ein **konstruktiver Prozess,** bei dem neues Wissen nicht isoliert erworben, sondern aktiv mit bereits vorhandenen Wissensstrukturen verknüpft wird. Studierende profitieren von Reflexionsmöglichkeiten, kontinuierlichem Feedback und einer konstruktiven Prüfungskultur, die sie dabei unterstützt, ihr Verständnis zu vertiefen und ihre Lernstrategien weiterzuentwickeln. Konstruktivistische Lerntheorien zeigen, dass der Erwerb neuer Inhalte besonders effektiv ist, wenn Lernende diese auf Basis eigener Erfahrungen interpretieren und in bestehende kognitive Strukturen einbetten.

Ein weiterer entscheidender Faktor ist die **Situativität des Lernens.** Wissen ist stets an bestimmte Kontexte gebunden und entfaltet seine volle Wirkung erst, wenn es in einen praxisnahen und berufsbezogenen Rahmen eingebettet wird. Daher ist es wichtig, theoretische Inhalte mit realen Problemstellungen und praxisnahen Fallbeispielen zu verknüpfen. Studien belegen, dass kontextualisiertes Lernen die Übertragung theoretischer Konzepte in die Praxis erheblich erleichtert und damit den nachhaltigen Wissenserwerb fördert.

Schließlich ist **Lernen ein sozialer Prozess,** der maßgeblich durch Interaktion geprägt wird. Der Austausch mit Lehrenden und Kommilitoninnen und Kommilitonen sowie die gemeinsame Reflexion über Inhalte tragen wesentlich zur Wissenskonstruktion bei. Kollaborative Lernformate, Gruppenarbeiten und digitale Diskussionsplattformen ermöglichen es den Studierenden, sich aktiv in den Lernprozess einzubringen und unterschiedliche Perspektiven einzunehmen. Forschungsergebnisse zeigen, dass gemeinschaftliches Lernen nicht nur die kritische Auseinandersetzung mit den Inhalten vertieft, sondern auch die langfristige Verankerung des Wissens unterstützt.

Diese fünf Prinzipien – Aktivität, Selbststeuerung, Konstruktion, Situativität und Sozialität – bilden die didaktische Grundlage für eine zukunftsorientierte Hochschullehre. Sie sind nicht isoliert zu betrachten, sondern greifen ineinander und sollten in ihrer Anwendung flexibel an spezifische Lernkontexte angepasst werden (Vgl. Abb. 2.1).

Die transferorientierten bzw. didaktischen Handlungsprinzipien bieten eine fundierte Grundlage für die Hochschuldidaktik, sind jedoch nicht als trennscharf oder abschließend zu verstehen. Vielmehr greifen sie ineinander und sollten

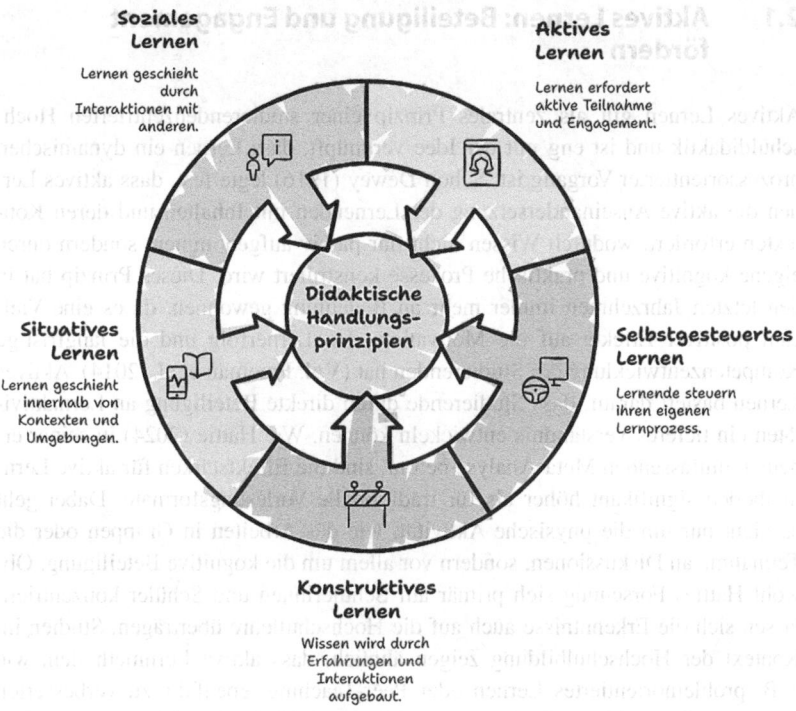

Abb. 2.1 Didaktische Handlungsprinzipien

flexibel an die jeweiligen didaktischen Kontexte angepasst werden. Beispielsweise erfordert ein sozialer Lernprozess stets eine aktive Beteiligung der Lernenden, während konstruktive Lernprozesse ohne selbstgesteuerte Reflexion kaum
nachhaltig sind.

Im Folgenden werden die fünf Prinzipien detailliert dargestellt. Jedes Prinzip
wird dabei anhand seiner theoretischen Fundierung erläutert und mit praktischen
Umsetzungsbeispielen ergänzt. Die Darstellung zeigt, wie diese Prinzipien in der
Hochschullehre verankert werden können, um eine innovative, praxisnahe und
zukunftsfähige Lernkultur zu fördern.

2.1   Aktives Lernen: Beteiligung und Engagement fördern

Aktives Lernen gilt als zentrales Prinzip einer studierendenzentrierten Hochschuldidaktik und ist eng mit der Idee verknüpft, dass Lernen ein dynamischer, prozessorientierter Vorgang ist. Schon Dewey (1916) legte fest, dass aktives Lernen die aktive Auseinandersetzung der Lernenden mit Inhalten und deren Kontexten erfordert, wodurch Wissen nicht nur passiv aufgenommen, sondern durch eigene kognitive und praktische Prozesse konstruiert wird. Dieses Prinzip hat in den letzten Jahrzehnten immer mehr an Bedeutung gewonnen, da es eine Vielzahl positiver Effekte auf die Motivation, den Lernerfolg und die langfristige Kompetenzentwicklung der Studierenden hat (Vgl. Freeman et al., 2014). Aktives Lernen basiert darauf, dass Studierende durch direkte Beteiligung an Lernaktivitäten ein tieferes Verständnis entwickeln können. Wie Hattie (2024) in seiner erneuten umfassenden Meta-Analyse betont, sind die Effektstärken für aktive Lernmethoden signifikant höher als für traditionelle Vorlesungsformate. Dabei geht es nicht nur um die physische Aktivität, wie das Arbeiten in Gruppen oder die Teilnahme an Diskussionen, sondern vor allem um die kognitive Beteiligung. Obwohl Hatties Forschung sich primär auf Schülerinnen und Schüler konzentriert, lassen sich die Erkenntnisse auch auf die Hochschullehre übertragen. Studien im Kontext der Hochschulbildung zeigen ähnlich, dass aktive Lernmethoden, wie z. B. problemorientiertes Lernen oder Peer-Teaching, ebenfalls zu verbesserten Lernergebnissen führen (Vgl. Stroot & Westphal, 2018). Die Förderung von kognitiver Aktivität und die Einbindung der Studierenden in den Lernprozess sind somit auch in der universitären Bildung entscheidend für den Lernerfolg. Auch Peer-Learning-Formate an Hochschulen fördern nicht nur den Wissensaustausch unter Studierenden, sondern tragen auch zur Entwicklung diversitätssensibler und inklusiver Bildungsstrukturen bei. Stroot und Westphal (2018) betonen in diesem Zusammenhang, dass Peer Learning als „Learning from and with each other" nicht nur fachliche Kompetenzen stärkt, sondern auch soziale und interkulturelle Fähigkeiten fördert. Dies ist besonders in einer heterogenen Studierendenschaft von Bedeutung, da es die aktive Auseinandersetzung mit unterschiedlichen Perspektiven unterstützt und zur Förderung von Selbstwirksamkeit und Eigenverantwortung beiträgt. In der Hochschullehre zeigt sich, dass Peer-Learning-Ansätze, wie sie von Stroot und Westphal beschrieben werden, nicht nur die kognitive Beteiligung der Studierenden steigern, sondern auch zu einer nachhaltigen Verbesserung der Lernkultur beitragen. Sie bieten eine Plattform für kollaborative Problemlösungen und fördern kritisches Denken, was in einer zunehmend digitalisierten und komplexen Welt unerlässlich ist. Die Wirksamkeit von Peer-Learning-Formaten unterstreicht, wie wichtig aktive und kollaborative Lernprozesse für den akademischen Erfolg sind. Durch den Austausch mit Kommilitoninnen und Kommilitonen werden nicht nur Fachkenntnisse vertieft, sondern auch kritisches Denken und Problemlösungsfähigkeiten gefördert. Diese Kompetenzen sind eng mit kognitiven Prozessen verbunden, die bereits in der Bildungsforschung als zentral für nachhaltiges Lernen identifiziert wurden. Bereits 1956 identifizierten Bloom et al. kognitive Prozesse wie das Analysieren, Bewerten und Kreieren als entscheidend für tieferes Lernen (Vgl. Bloom et al., 1956). Diese Prozesse können durch didaktische Methoden wie problemorientiertes Lernen, Fallstudien oder Diskussionen gezielt angeregt werden.

Ein weiteres zentrales Element aktiven Lernens ist das Engagement (Vgl. Carlos, 2024). Engagement beschreibt nicht nur die Teilnahme an Lernaktivitäten, sondern auch die emotionale und motivationale Bindung an die Lerninhalte. Deci und Ryan (1985) betonen in ihrer Selbstbestimmungstheorie, dass Autonomie, Kompetenz und soziale Eingebundenheit wesentliche Faktoren für die Förderung von Engagement sind. Diese können in der Hochschullehre durch die Gestaltung von Lernsettings adressiert werden, die den Studierenden Handlungsspielräume bieten, sie in ihren Kompetenzen stärken und durch kollaborative Aufgaben soziale Interaktionen ermöglichen. Die praktische Umsetzung des Prinzips des aktiven Lernens erfordert eine durchdachte didaktische Planung. Freeman et al. (2014) zeigen, dass bereits die Integration kleiner aktiver Elemente, wie Kurzbesprechungen in Gruppen oder das Einfügen interaktiver Abstimmungen während der Vorlesungen, signifikante Effekte auf den Lernerfolg haben können. In digitalen Lehrformaten bieten Tools wie Mentimeter oder Padlet niederschwellige Möglichkeiten, Studierende aktiv einzubinden. Auch hybride Modelle, die asynchrone und synchrone Lernphasen kombinieren, eröffnen innovative Ansätze für aktives Lernen, was schon Schulmeister feststellte (Vgl. Schulmeister, 2000).

Aktives Lernen entfaltet seine Wirkung nicht isoliert, sondern muss in einen durchdachten didaktischen Rahmen eingebettet sein. Entscheidend ist, dass es durch klare Zielsetzungen, strukturierte Feedbackprozesse und gezielte Reflexionsanlässe begleitet wird (Vgl. Chaudhuri et al., 2024), um nachhaltige Lerneffekte zu erzielen. Darüber hinaus sollten Lehrende die Heterogenität der Studierendengruppen berücksichtigen (Vgl. Dindas & Oleschko, 2021). Unterschiedliche Lernvoraussetzungen, berufliche Erfahrungen und individuelle Herangehensweisen erfordern flexible Lehrstrategien, die verschiedene Zugänge zum aktiven Lernen ermöglichen. Eine solche adaptive Gestaltung der Lehre kann dazu beitragen, dass Studierende ihr Wissen nicht nur erwerben, sondern es auch reflektiert anwenden und weiterentwickeln können.

Abschließend zeigt sich, dass aktives Lernen mehr ist als eine methodische Ausgestaltung der Lehre. Es ist ein grundlegendes Prinzip, das die Rolle der Studierenden als aktive Mitgestaltende ihres Lernprozesses in den Mittelpunkt stellt. Durch die gezielte Förderung von Beteiligung und Engagement kann nicht nur der Lernerfolg gesteigert, sondern auch die Freude am Lernen selbst nachhaltig gestärkt werden.

2.2   Selbstgesteuertes Lernen und Autonomie

Selbstgesteuertes Lernen stellt eine fundamentale Säule der Erwachsenenbildung und des lebenslangen Lernens dar (Vgl. Lang & Pätzold, 2006). Es umfasst die Fähigkeit der Lernenden, eigenständig Lernziele zu definieren, geeignete Strategien auszuwählen und den Lernerfolg zu evaluieren. Diese Form des Lernens basiert auf den Prinzipien von Autonomie, Selbstverantwortung und intrinsischer Motivation und ist insbesondere für berufstätige Studierende von zentraler Bedeutung (Vgl. Ogu, 2021). Dieses Prinzip wird durch innovative und praxisnahe Lehrmethoden sowie flexible Studienformate unterstützt, die es Studierenden ermöglichen, ihre akademische Weiterbildung mit beruflichen und privaten Verpflichtungen zu vereinbaren (Vgl. Lübeck, 2009). Dennoch bleibt die Herausforderung, eine ausgewogene Balance zwischen Selbstständigkeit und gezielter Unterstützung durch Lehrende zu finden. Während eine hohe Autonomie den Lernenden ermöglicht, ihr Studium flexibel zu gestalten, kann eine fehlende Begleitung durch Lehrkräfte zu Unsicherheiten oder ineffizientem Lernen führen. Eine didaktisch fundierte Betreuung und klare Strukturierung der Lernprozesse sind daher essenziell, um eine nachhaltige und erfolgreiche Wissensvermittlung zu gewährleisten (Vgl. Huang, 2002). Lehrende müssen die Lernenden gezielt begleiten, insbesondere bei der Planung von individuellen Zielen und der Evaluierung ihrer Fortschritte, um die Wirksamkeit selbstgesteuerter Lernprozesse sicherzustellen (Vgl. Huang, 2002). Kritisch betrachtet wird deutlich, dass der Erfolg dieses Ansatzes maßgeblich von der Motivation und dem intrinsischen Engagement der Studierenden abhängt, was eine wesentliche didaktische Herausforderung darstellt (Vgl. Ogu, 2021).

Konstruktivistische Lernmethoden schaffen die Grundlage, um selbstgesteuertes Lernen zu fördern, indem sie Lernende dazu ermutigen, ihr Wissen eigenständig und aktiv aufzubauen (Vgl. Stahl et al., 2018). Durch die Integration authentischer und praxisorientierter Lerninhalte wird nicht nur die Eigenverantwortung der Lernenden gestärkt, sondern auch deren Motivation gefördert (Vgl. Huang, 2002). Dies ist besonders relevant für berufstätige Studierende, da die Verknüpfung von beruflicher und akademischer Erfahrung den Lernprozess bereichert und die Transferleistung steigert (Vgl. Huang, 2002; Lübeck, 2009). Digitale Technologien, wie Lernplattformen und Online-Foren, spielen eine entscheidende Rolle, da sie die Interaktion zwischen den Studierenden fördern und Raum für Reflexion sowie kollaborative Wissenskonstruktion schaffen (Vgl. Dalsgaard, 2006). Hierbei liegt ein erhebliches Potenzial in der Nutzung sozialer Software, die eine Abkehr von zentralisierten Lernmanagementsystemen hin zu individuell gestaltbaren und flexiblen Werkzeugen ermöglicht (Vgl. Dalsgaard, 2006). Kritisch hinterfragt werden muss jedoch, inwiefern die Qualität der Lerninhalte und die didaktische Gestaltung dieser Plattformen den Anforderungen der Lernenden gerecht werden können, um eine nachhaltige Motivation und Effektivität sicherzustellen.

Die Herausforderungen des selbstgesteuerten Lernens sind vielfältig und erfordern gezielte Unterstützungsmaßnahmen seitens der Lehrenden. Zeitliche Einschränkungen durch berufliche und familiäre Verpflichtungen können die Fähigkeit der Studierenden, ihre Lernziele zu erreichen, erheblich beeinträchtigen (Vgl. Ogu, 2021). Um dieser Problematik entgegenzuwirken, sollten Lehrende flexible und asynchrone Lernformate anbieten, die an die individuellen Bedürfnisse der Lernenden angepasst sind (Vgl. Ogu, 2021). Unsicherheiten in Selbstorganisation und Zielsetzung erfordern eine intensive Begleitung durch Lehrende, die als Moderierende Orientierung bieten. Transparente Zielsetzungen und motivierendes Feedback sind dabei essenziell (Vgl. Dalsgaard, 2006). Kollaborative Formate, unterstützt durch soziale Software, verbessern nicht nur den Wissenstransfer, sondern auch die soziale Einbindung (Vgl. Dalsgaard, 2006). Gleichzeitig müssen Lehrende selbst digitale Kompetenzen aufbauen und Weiterbildungen nutzen, um technische und organisatorische Barrieren zu überwinden. Herausfordernd bleibt, dass der Erfolg solcher Maßnahmen von technologischen Ressourcen und der Bereitschaft der Lehrenden abhängt (Vgl. Dalsgaard, 2006).

Digitale Werkzeuge können als Katalysatoren für selbstgesteuertes Lernen wirken, indem sie die Gestaltung persönlicher Lernumgebungen (PLEs) ermöglichen. Solche Umgebungen bieten eine flexible Verbindung formaler und informeller Lernressourcen und fördern die Eigenverantwortung sowie das persönliche Wissensmanagement der Studierenden (Vgl. Dalsgaard, 2006). Die Integration von sozialen Medien und digitalen Tools erlaubt eine nahtlose Verknüpfung individueller Lernressourcen, was insbesondere die Reflexion und die kollaborative Wissensarbeit stärkt (Vgl. Dalsgaard, 2006). Dennoch zeigt sich, dass sowohl Studierende als auch Lehrende gezielte Unterstützung benötigen, um die notwendigen technologischen und organisatorischen Kompetenzen zu entwickeln (Vgl. Huang, 2002). Die Einführung von Best-Practice-Strategien und anschaulichen Anwendungsbeispielen kann dazu beitragen, potenzielle Unsicherheiten zu reduzieren und die Effektivität solcher Technologien zu maximieren (Vgl. Huang, 2002). Kritisch anzumerken ist, dass die zunehmende Digitalisierung auch Fragen des Datenschutzes und der Privatsphäre aufwirft, die systematisch adressiert werden müssen, um das Vertrauen der Nutzenden langfristig zu sichern.

Die Umsetzung einer transferorientierten Didaktik betont die zentrale Rolle der Verknüpfung von wissenschaftlichen Inhalten mit beruflicher Praxis als wesentlichem Bestandteil selbstgesteuerten Lernens (Vgl. Lübeck, 2009). Lehrstrategien wie Fallstudien und praxisnahe Projekte fördern eine aktive Auseinandersetzung mit realen Problemstellungen und ermutigen Studierende, analytisch und eigenverantwortlich zu arbeiten. Durch diese methodische Herangehensweise wird nicht nur das theoretische Verständnis vertieft, sondern auch die Fähigkeit entwickelt, erworbenes Wissen gezielt in beruflichen Kontexten anzuwenden (Vgl. Huang, 2002; Lübeck, 2009).

Der gezielte Einsatz moderner Technologien wie KI und Learning Analytics bietet zudem die Möglichkeit, Lernprozesse zu personalisieren und Hindernisse frühzeitig zu identifizieren (Vgl. Lübcke et al., 2022). Lehrende spielen hier eine zentrale Rolle, indem sie praxisorientierte und technologieunterstützte Ansätze in ihre didaktischen Konzepte integrieren und die beruflichen Erfahrungen der Studierenden aktiv in den Lernprozess einbinden (Vgl. Huang, 2002). Kritisch zu hinterfragen bleibt, inwiefern die erforderlichen technologischen und personellen Ressourcen für eine flächendeckende Umsetzung solcher Ansätze tatsächlich verfügbar sind.

Langfristige Lerneffekte können durch die systematische Anwendung evidenzbasierter Ansätze wie verteiltem Lernen und Scaffolding erzielt werden. Regelmäßige Wiederholungen und variierende Kontexte tragen dazu bei, den Wissenserhalt zu verbessern und das Vergessen zu minimieren (Vgl. Archer et al., 2014). Scaffolding, also das schrittweise Zurückfahren gezielter Unterstützung durch Lehrende, ermöglicht den Lernenden, ihre Aufgaben eigenständiger zu bewältigen, während adaptive Prüfungsformate eine kontinuierliche Selbstreflexion fördern (Vgl. Archer et al., 2014). Die Kombination dieser Ansätze stärkt nicht nur den Erwerb von Fachwissen, sondern auch die Fähigkeit, dieses Wissen flexibel in neuen und anspruchsvollen Kontexten anzuwenden (Vgl. Archer et al., 2014). Hochschulen sollten solche Ansätze gezielt in ihre Digitalisierungsstrategien integrieren, da sie eine nachhaltige Kompetenzentwicklung bewirken und langfristige Lernergebnisse sichern können (Vgl. Lübcke et al., 2022). Dennoch bleibt zu überprüfen, inwiefern die didaktischen Konzepte ausreichend auf die Heterogenität der Lernenden abgestimmt sind, um alle Zielgruppen gleichermaßen zu fördern.

Zusammenfassend lässt sich festhalten, dass selbstgesteuertes Lernen eine wesentliche Grundlage für erfolgreiche Erwachsenenbildung darstellt. Die Kombination praxisnaher Ansätze, technologischer Unterstützung und didaktischer Begleitung ermöglicht eine nachhaltige Entwicklung der Kompetenzen der Studierenden und stellt gleichzeitig hohe Anforderungen an die Lehrenden und die technologische Infrastruktur.

2.3   Konstruktives Lernen: Das Prinzip des Constructive Alignment

Das didaktische Handlungsprinzip des konstruktiven Lernens basiert auf der Annahme, dass Lernen ein aktiver und bedeutungskonstruierender Prozess ist, bei dem neues Wissen in bestehende Wissensstrukturen integriert wird (Vgl. Biggs, 1996). Dieser Ansatz steht im Zentrum des Constructive Alignment, einer Theorie, die darauf abzielt, Lernziele, Lehrmethoden und Prüfungsformate so aufeinander abzustimmen, dass ein kohärenter und lernförderlicher Rahmen entsteht (Vgl. Fleischmann, 2020). Biggs und Tang (2011) betonen, dass Constructive Alignment nicht nur die Qualität der Lehre steigert, sondern auch das Lernen effektiver gestaltet, indem es die aktive Auseinandersetzung der Studierenden mit den Inhalten fördert. Durch die gezielte Abstimmung aller Lehr-Lern-Komponenten sollen Studierende nicht nur Wissen aufnehmen, sondern dieses auch reflektieren und anwenden. Allerdings gibt es auch berechtigte Kritik an diesem Ansatz. Reinmann (2018) weist darauf hin, dass die enge Verzahnung von Lernzielen, Methoden und Prüfungen in der Praxis häufig zu einer Überbetonung der Ergebnisorientierung führt. Dadurch bestehe die Gefahr, dass der Bildungsprozess auf messbare und standardisierte Lernergebnisse reduziert werde. Dies könne nicht nur die akademische Freiheit der Lehrenden einschränken, sondern auch dazu führen, dass Studierende eher als Objekte von Lehrinterventionen betrachtet werden, anstatt als autonome, kritisch denkende Lernende, die sich aktiv mit den Inhalten auseinandersetzen (Vgl. Reinmann, 2018). Damit zeigt sich, dass Constructive Alignment zwar eine wertvolle Orientierung für die Gestaltung effektiver Lehr-Lern-Prozesse bietet, jedoch auch flexibel und reflektiert angewendet werden muss, um Bildung nicht auf reine Messbarkeit zu reduzieren. Trotz dieser Kritik bleibt das Constructive Alignment ein wertvolles Instrument zur Strukturierung von Lehr-Lern-Prozessen. Wenn es nicht als starres, sondern als flexibles Rahmenwerk verstanden wird, kann es Lehrende dabei unterstützen, ihre didaktischen Entscheidungen bewusster zu treffen und die Lernprozesse der Studierenden gezielt zu fördern. Durch die Integration von Reflexionsphasen und offenen Lernformaten kann das Prinzip des Constructive Alignment so angepasst werden, dass es nicht nur die Erreichung von Lernzielen, sondern auch die Entwicklung kritischer und selbstständiger Denkfähigkeiten unterstützt. Das Prinzip des Constructive Alignment vereint nämlich zwei zentrale Ideen: die konstruktivistische Lerntheorie und die Idee der kohärenten Ausrichtung von Lehr-Lern-Aktivitäten. Im konstruktivistischen Sinne wird Lernen als individueller Prozess verstanden, bei dem Lernende durch aktive Auseinandersetzung mit den Inhalten Bedeutungen konstruieren (Vgl. Piaget, 1974; Vygotsky, 1978). Diese Konstruktion wird durch die Struktur und die Anforderungen der Lernumgebung beeinflusst. Biggs (1996) argumentiert, dass Lehrende durch die Gestaltung von Lehrveranstaltungen, die auf klar definierten Lernzielen basieren, die Bedingungen schaffen können, unter denen die Studierenden ihre Lernprozesse selbstständig und zielgerichtet steuern können.

Das Konzept des Constructive Alignments basiert auf drei zentralen Elementen: den Lernzielen, den Lehrmethoden und den Prüfungsformaten (Vgl. Fleischmann, 2020). Lernziele definieren die Erwartungen an das Wissen, die Fähigkeiten und die Kompetenzen, die die Studierenden am Ende einer Lerneinheit oder eines Moduls erreicht haben sollten. Diese Ziele sollten klar, präzise und messbar formuliert sein, wie es in der Bloom'schen Taxonomie der Lernziele empfohlen wird (Vgl. Bloom et al., 1956). Lehrmethoden müssen so gestaltet sein, dass sie die Studierenden aktiv in den Lernprozess einbinden und auf die Erreichung der Lernziele ausgerichtet sind. Problemorientiertes Lernen, projektbasierte Aufgaben und Diskussionen sind Beispiele für didaktische Ansätze, die im Einklang mit dem Constructive Alignment stehen. Schließlich müssen auch die Prüfungsformate mit den Lernzielen und Lehrmethoden übereinstimmen. Biggs und Tang (2011) unterstreichen, dass Prüfungen nicht nur das Wissen der Studierenden abfragen, sondern auch deren Fähigkeit, das Gelernte in neuen Kontexten anzuwenden, bewerten sollten. Folglich, trotz berechtigter Kritik, bietet eine Orientierung an dem Prinzip des Constructive Alignment zahlreiche Vorteile. Es schafft Transparenz, da die Lernenden genau wissen, welche Anforderungen an sie gestellt werden und wie sie diese erfüllen können (Vgl. Hattie, 2024). Gleichzeitig fördert es die Eigenverantwortung der Studierenden, da es sie ermutigt, ihren Lernprozess aktiv zu gestalten. Eine Studie von Trigwell und Prosser (1991) zeigt, dass Studierende, die in einer auf Constructive Alignment basierenden Lernumgebung unterrichtet wurden, ein tieferes Verständnis der Inhalte entwickelten und besser in der Lage waren, ihr Wissen auf neue Probleme anzuwenden.

Die Umsetzung des Constructive Alignment erfordert von Lehrenden eine sorgfältige Planung und eine kontinuierliche Reflexion ihrer transferorientierten bzw. didaktischen Ansätze, wobei die Bedeutung von Reflexion so zentral ist, dass sie in Kap. 4 noch ausführlicher wird. Lehrende müssen nicht nur die Lernziele klar definieren, sondern auch sicherstellen, dass die Lehrmethoden und Prüfungsformate konsistent auf diese Ziele abgestimmt sind (Vgl. Wunderlich, 2016). Zudem erfordert das Prinzip Flexibilität, da die Bedürfnisse und Vorerfahrungen der Studierenden variieren können. An erster Stelle steht die bewusste Formulierung klarer, überprüfbarer Lernziele, die Studierenden Orientierung geben und den Rahmen für die gesamten Lehraktivitäten bilden. Diese Lernziele sollten nicht nur fachliche Inhalte abdecken, sondern auch überfachliche Kompetenzen wie kritisches Denken, Problemlösungsfähigkeiten und Teamarbeit fördern. Wie bereits in Abschn. 1.2 ausführlich diskutiert, bildet die Kompetenzorientierung eine zentrale Grundlage moderner Hochschulbildung. Hier soll nun die Brücke zu diesem Handlungsprinzip geschlagen werden, das durch die gezielte Ausrichtung von Lehrmethoden und Prüfungsformaten sicherstellt, dass Studierende nicht nur theoretisches Wissen erwerben, sondern auch praxisrelevante Fähigkeiten entwickeln, die ihnen im Berufsleben zugutekommen. Das Prinzip des Constructive Alignment ist somit ein essenzielles Element moderner Hochschuldidaktik. Es verbindet die theoretischen Grundlagen des konstruktivistischen Lernens mit praktischen Ansätzen zur Gestaltung kohärenter Lehr-Lern-Umgebungen. Durch die gezielte Abstimmung von Lernzielen, Lehrmethoden und Prüfungsformaten können Lehrende nicht nur die Qualität der Lehre steigern, sondern auch die Motivation und den Lernerfolg der Studierenden nachhaltig fördern (Vgl. Braßler, 2022).

In der Praxis bedeutet das für Lehrende, dass sie ihre Rolle als Vermittler von Wissen erweitern und als Lernbegleiter fungieren müssen. Ganz im Sinne der Forderung des Wissenschaftsrats (2022) nach einem akademischen Mentoratskonzept umfasst dies die Gestaltung interaktiver Lehrformate wie problemorientiertes Lernen, Gruppenarbeiten oder simulationsbasiertes Training, die die aktive Auseinandersetzung mit den Lerninhalten fördern (Vgl. Biggs & Tang, 2011). Ein solches Verständnis der Lehrendenrolle betont die Notwendigkeit einer kontinuierlichen Begleitung und individuellen Unterstützung der Studierenden, um deren Selbststeuerung und Reflexionsfähigkeit gezielt zu stärken. Diese Formate ermöglichen es den Studierenden, die theoretischen Konzepte in praxisnahen Szenarien anzuwenden und zu reflektieren, was die Verbindung von Theorie und Praxis unterstützt (Vgl. Dindas, 2021). Auch die Wahl der Prüfungsformate muss im Sinne des Constructive Alignment durchdacht sein (Vgl. Wunderlich, 2016). Statt ausschließlich auf summative Prüfungen zu setzen, die primär auf die Reproduktion von Wissen abzielen, sollten formative und authentische Prüfungsformate in den Vordergrund rücken (Vgl. Pengel et al., 2017). Beispiele hierfür sind Portfolios, Fallstudien oder Präsentationen, die nicht nur den Wissensstand, sondern auch die Anwendungskompetenz der Studierenden bewerten (Vgl. Nicol & Macfarlane-Dick, 2006). Diese Prüfungsformate fördern nicht nur eine tiefere Auseinandersetzung mit den Lerninhalten, sondern bieten den Studierenden auch Gelegenheiten, ihre Lernstrategien zu reflektieren und zu verbessern.

Darüber hinaus betont das Constructive Alignment die Wichtigkeit kontinuierlichen Feedbacks, das Studierenden hilft, ihre Fortschritte zu bewerten und ihre Strategien entsprechend anzupassen (Vgl. Hattie & Timperley, 2007). In der Hochschullehre bedeutet dies, dass Lehrende regelmäßige Gelegenheiten für Feedback und Reflexion schaffen müssen, beispielsweise durch Peer-Feedback, Selbstbewertungsaufgaben oder Feedbackgespräche. Digitale Tools wie Lernmanagementsysteme oder Abstimmungsplattformen können hierbei unterstützen, indem sie den Feedbackprozess strukturieren und den Zugang erleichtern (Vgl. Schwehr, 2022).

Eine weitere Herausforderung, die mit der Umsetzung des Constructive Alignment verbunden ist, ist die Heterogenität der Studierendengruppen (Vgl. Dindas & Oleschko, 2021). Hochschulen müssen ihre Lehrangebote so gestalten, dass sie Studierende mit unterschiedlichen Bildungshintergründen, Lernstilen und Vorkenntnissen einbeziehen. Dies erfordert flexible Lehrmethoden und adaptive Lehrformate, die individualisierte Lernwege ermöglichen (Vgl. Reinmann, 2021). Hybride und digitale Lehrformate bieten hier zusätzliche Möglichkeiten, die Vielfalt der Studierendenschaft zu berücksichtigen und personalisierte Lernumgebungen zu schaffen.

Insgesamt erfordert das Constructive Alignment eine engere Verzahnung aller didaktischen Elemente, von der Planung über die Durchführung bis hin zur Evaluation. Lehrende, die diesen Ansatz konsequent verfolgen, können nicht nur die Qualität ihrer Lehre steigern, sondern auch die Lernmotivation und den Lernerfolg ihrer Studierenden nachhaltig fördern. Dies ist besonders in einer Zeit wichtig, in der Hochschulen vor der Aufgabe stehen, Studierende auf eine dynamische und komplexe Arbeitswelt vorzubereiten und gleichzeitig die Grundlagen für lebenslanges Lernen zu legen.

2.4   Situatives Lernen: Kontext und Relevanz im Lehr-Lernprozess

Nachdem bereits herausgearbeitet wurde, dass Lernen ein aktiver, selbst-gesteuerter und konstruktiver Prozess ist, rückt nun ein weiteres zentrales di-daktisches Handlungsfeld in den Fokus: das situative Lernen. Gerade in einer zunehmend dynamischen und praxisorientierten Hochschullandschaft gewinnt die Kontextgebundenheit von Wissen an Bedeutung. Studierende sollen nicht nur theoretische Inhalte verstehen, sondern diese auch in realen Anwendungs-situationen reflektieren und transferieren können. Wissen ist niemals losgelöst von seinem Kontext (Vgl. Renzl, 2003). Jede Form des Lernens findet in einer spezifischen Umgebung statt, die sowohl durch individuelle Erfahrungen als auch durch berufliche Anforderungen geprägt ist (Vgl. Lang & Pätzold, 2006). Der Er-werb von Wissen ist daher immer an einen bestimmten Kontext gebunden. Um nachhaltiges Lernen zu ermöglichen, muss der Lernprozess an die Lebenswelt der Lernenden anknüpfen und praxisnahe Anwendungsbezüge schaffen, denn Men-schen lernen effektiver, wenn sie neues Wissen mit bestehenden Erfahrungen ver-knüpfen können (Vgl. Konrad, 2024). Dies bedeutet, dass Lerninhalte nicht iso-liert vermittelt werden sollten, sondern vielmehr in einen nachvollziehbaren Zu-sammenhang gesetzt werden müssen. Ein Beispiel hierfür ist die Anwendung von theoretischen Konzepten auf reale berufliche Situationen (Vgl. Dindas, 2021).

Begleitinformationen zu den Lerninhalten ermöglichen eine tiefere Ver-ankerung des Gelernten im persönlichen und beruflichen Kontext der Lernenden. Ein Beispiel hierfür wäre z. B. ein Modul in der betrieblichen Weiterbildung zum Thema Kommunikation, das nicht nur theoretische Modelle behandelt, sondern auch Fallstudien aus der Praxis bereitstellt. Angenommen, ein Mitarbeitender im Kundenservice soll neue Techniken der Gesprächsführung erlernen. Neben der theoretischen Vermittlung von Kommunikationsmodellen könnte ein be-gleitendes Beispiel eine realistische Kundensituation darstellen, in der das Ge-lernte angewendet werden kann. Diese Verknüpfung zwischen Theorie und Pra-xis sorgt für eine größere Relevanz und erleichtert den Transfer in den Berufs-alltag von Studierenden. Ein weiteres Beispiel aus dem Bildungsbereich ist der Einsatz von Praxisprojekten in der Hochschullehre (Vgl. Hattula et al., 2021). Studierende einer Ingenieurwissenschaft könnten beispielsweise an einem rea-len Bauprojekt mitwirken, bei dem sie theoretische Berechnungen auf praktische Herausforderungen anwenden müssen. Diese direkte Anknüpfung an den beruf-lichen Kontext fördert nicht nur das Verständnis, sondern auch die Motivation der Lernenden. Ein ebenfalls wichtiger Aspekt für erfolgreiches und zugleich aktives Lernen ist die Berücksichtigung von Vielfalt (Vgl. Seng & Lippmann, 2020). Unterschiedliche Lernende bringen verschiedene Erfahrungen, Perspektiven und Bedürfnisse mit. Auch der Einsatz humorvoller und inklusiver Lehrmethoden kann dazu beitragen, eine offene und motivierende Lernumgebung zu schaffen. Dies fördert nicht nur die situative Relevanz von Lernprozessen, sondern erleichtert auch das Verständnis von Inhalten in unterschiedlichen Kontexten. Humor kann beispielsweise (noch stärker) als didaktisches Mittel genutzt werden, um abstrakte oder komplexe Themen zugänglicher zu machen. Studien zeigen, dass humorvolle Inhalte die Merkfähigkeit und Motivation der Lernenden steigern können (Vgl. Dindas, 2024c). Ebenso kann eine inklusive Gestaltung der Lehrmaterialien, die verschiedene soziale und kulturelle Hintergründe berücksichtigt, dazu beitragen, dass sich alle Lernenden angesprochen fühlen. Ein integratives Lernumfeld ermöglicht nicht nur den Zugang zu Wissen, sondern fördert auch dessen nachhaltige Verankerung und Anwendung. Ein bewährtes Konzept in diesem Bereich ist das Universal Design for Learning (UDL), das an der Harvard University entwickelt wurde (Vgl. Biewer, 2022). UDL verfolgt den Ansatz, Lernumgebungen von Beginn an so zu gestalten, dass sie unterschiedlichen Lernbedürfnissen gerecht werden, indem sie verschiedene Zugangswege zu Wissen, multiple Ausdrucksmöglichkeiten und flexible Lernmethoden bieten.

Ein Beispiel für eine inklusive Lehrmethode ist der Einsatz interaktiver Lernformate, wie Rollenspiele oder Gruppenarbeiten, bei denen verschiedene Perspektiven einbezogen werden. Dies entspricht dem Prinzip des UDL, das auf Vielfalt in der Wissensvermittlung setzt, um allen Lernenden eine gleichberechtigte Teilhabe zu ermöglichen. Solche Formate erlauben es den Studierenden, sich aktiv mit den Inhalten auseinanderzusetzen, unterschiedliche Herangehensweisen kennenzulernen und individuelle Stärken gezielt in den Lernprozess einzubringen (Vgl. Biewer, 2022). Lernen wird dann als subjektiv aktiv erlebt, wenn es greifbar bleibt und an den Erfahrungshorizont der Lernenden anknüpft. Durch eine kontextbezogene Vermittlung von Wissen, praxisorientierte Begleitinformationen und eine inklusive Lernumgebung wird sichergestellt, dass Wissen nicht nur verstanden, sondern auch nachhaltig verinnerlicht wird (Vgl. Fisseler & Markmann, 2012). Die situative Relevanz von Lernen zu erkennen und gezielt zu nutzen, ist daher ein wesentlicher Bestandteil moderner Bildungsprozesse.

Situatives Lernen erfordert eine enge Verknüpfung von Theorie und Praxis sowie eine konsequente Anpassung an die Lebenswelt der Studierenden. Lehrende, die diesen Ansatz gezielt fördern, ermöglichen nicht nur eine tiefere Verankerung von Wissen, sondern stärken auch die Anwendungskompetenz und

Motivation der Lernenden. Dies ist besonders relevant in einer Hochschulland-schaft, die Studierende auf komplexe berufliche Anforderungen vorbereiten und gleichzeitig lebenslanges Lernen unterstützen muss.

2.5 Kollaboratives und soziales Lernen: Gemeinschaften schaffen

Das Prinzip des kollaborativen und sozialen Lernens betont die Bedeutung der Interaktion und Zusammenarbeit im Lernprozess (Vgl. Abblegen et al., 2023). Lernen wird dabei nicht als isolierte, individuelle Tätigkeit verstanden, sondern als sozialer Prozess, der in einer Gemeinschaft stattfindet, in der Wissen ge-meinsam konstruiert wird (Vgl. Vygotsky, 1978). Kollaboratives Lernen ermög-licht es Studierenden, ihre Perspektiven zu erweitern, indem sie durch den Aus-tausch mit anderen unterschiedliche Sichtweisen kennenlernen und ihre eigenen Annahmen hinterfragen. Dies fördert nicht nur den Erwerb von Fachwissen, son-dern auch die Entwicklung überfachlicher Kompetenzen wie Kommunikations-fähigkeit, Teamarbeit und kritisches Denken (Vgl. Johnson & Johnson, 1999). Ein zentraler theoretischer Ansatz, der kollaboratives Lernen unterstützt, ist die Zone der proximalen Entwicklung (ZPD) von Vygotsky (1978). Diese beschreibt den Bereich, in dem Lernende durch die Unterstützung von Gleichaltrigen oder Lehrenden Aufgaben bewältigen können, die sie allein noch nicht lösen könn-ten. Dieser Ansatz wird in der Hochschuldidaktik oft durch die Anwendung von Peer-Learning-Methoden umgesetzt, bei denen Studierende voneinander lernen, beispielsweise durch Gruppenarbeiten, gemeinsame Projekte oder Peer-Feed-back (Vgl. Topping, 2005). Diese Methoden fördern nicht nur die kognitive Aus-einandersetzung, sondern stärken auch das soziale Zugehörigkeitsgefühl und die Identifikation mit der Lerncommunity.

In der Hochschullehre bedeutet kollaboratives Lernen, gezielt Strukturen zu schaffen, die den Austausch und die Zusammenarbeit zwischen Studierenden fördern (Vgl. Braßler, 2023). Dabei bieten kollaborative Lernformate wie Fall-studien, simulationsbasierte Übungen oder Projektarbeiten ideale Gelegenheiten, um theoretisches Wissen mit praktischen Anwendungen zu verknüpfen (Vgl. Din-das, 2021). Darüber hinaus kann der Einsatz digitaler Tools – etwa Diskussions-foren, Wikis oder virtuelle Arbeitsräume – die Zusammenarbeit über physische Grenzen hinweg unterstützen. Dies spielt insbesondere in hybriden oder virtuel-len Lernumgebungen eine zentrale Rolle, da es Studierenden ermöglicht, flexi-bel und ortsunabhängig gemeinsam an Projekten zu arbeiten (Vgl. Schulmeister,

2020). Ein weiterer entscheidender Aspekt des kollaborativen Lernens ist die Schaffung einer unterstützenden Lernkultur, in der Studierende sich sicher fühlen, ihre Meinungen zu äußern und Fehler als Teil des Lernprozesses zu akzeptieren (Vgl. Dweck, 2006). Dies erfordert von Lehrenden nicht nur methodische Kompetenzen, sondern auch die Fähigkeit, eine inklusive und wertschätzende Atmosphäre zu schaffen. Eine positive Lernkultur fördert nicht nur die Motivation und das Engagement der Studierenden, sondern trägt auch dazu bei, nachhaltige Lernerfahrungen zu schaffen, die über die Hochschulzeit hinauswirken (Vgl. Wenger, 1998).

Die Umsetzung des Prinzips des kollaborativen und sozialen Lernens in der Hochschullehre erfordert eine bewusste didaktische Gestaltung, die Interaktion und Zusammenarbeit in den Mittelpunkt stellt. Hochschullehrende stehen vor der Aufgabe, Räume und Strukturen zu schaffen, in denen Studierende gemeinsam lernen, arbeiten und Wissen austauschen können. Dies beginnt mit der Auswahl geeigneter Lehrmethoden, die den Austausch zwischen den Lernenden fördern. Formate wie Gruppenarbeiten, Fallstudien, simulationsbasierte Szenarien oder projektbasiertes Lernen bieten ideale Gelegenheiten, soziale Interaktion in den Lernprozess zu integrieren (Vgl. Johnson & Johnson, 1999). Solche Formate ermutigen Studierende, ihre unterschiedlichen Perspektiven einzubringen, und fördern das kritische Denken sowie die Problemlösekompetenz, die in vielen Berufsfeldern essenziell sind. Eine weitere praktische Anwendung kollaborativen Lernens in der Hochschullehre ist die Einführung von Peer-Learning-Ansätzen, bei denen Studierende aktiv an der Wissensvermittlung beteiligt werden. Dies kann in Form von Peer-Tutoring, Peer-Feedback oder kooperativen Diskussionen geschehen (Vgl. Topping, 2005). Der Vorteil dieser Ansätze liegt nicht nur in der Vermittlung von Fachwissen, sondern auch in der Stärkung sozialer und kommunikativer Fähigkeiten. Gleichzeitig entwickeln die Studierenden durch das gegenseitige Lernen ein stärkeres Verantwortungsgefühl für ihren eigenen Lernprozess und den ihrer Kommilitonen.

In der digitalen Hochschullehre wird die Bedeutung kollaborativer Lernmethoden noch verstärkt, da der physische Kontakt oft eingeschränkt ist. Der Einsatz digitaler Tools wie Lernmanagementsysteme, Wikis, Online-Diskussionsforen oder kollaborativer Arbeitsplattformen wie Microsoft Teams oder Slack ermöglicht es, auch in virtuellen Räumen eine produktive Zusammenarbeit zu fördern (Vgl. Dindas & Schulte, 2024). Diese Technologien bieten Studierenden die Möglichkeit, unabhängig von Ort und Zeit gemeinsam an Projekten zu arbeiten und ihre Ideen auszutauschen. Besonders hybride Formate, die synchrone und asynchrone Lernphasen kombinieren, schaffen zusätzliche Flexibilität und eröffnen neue Chancen für die Zusammenarbeit.

Für Lehrende bedeutet die Förderung kollaborativen Lernens, dass sie verstärkt als Moderatoren und Unterstützer agieren müssen. Sie sollten nicht nur Inhalte vermitteln, sondern auch eine Kultur der Offenheit und Zusammenarbeit fördern, in der Studierende sich sicher fühlen, ihre Meinungen zu äußern und aktiv am Lernprozess teilzunehmen (Vgl. Wenger, 1998). Hierzu gehört auch, klare Rollen und Verantwortlichkeiten innerhalb der Gruppen zu definieren, um Konflikte zu vermeiden und eine gerechte Verteilung der Arbeitslast sicherzustellen. Ein weiteres zentrales Element ist die Integration von Reflexionsanlässen. Gruppenarbeiten sollten durch regelmäßige Reflexion begleitet werden, bei der Studierende ihre Erfahrungen und Ergebnisse gemeinsam evaluieren. Dies fördert nicht nur die Weiterentwicklung der eigenen Lernstrategien, sondern stärkt auch die Fähigkeit, konstruktives Feedback zu geben und zu empfangen (Vgl. Dweck, 2006). Die Heterogenität der Studierendengruppen stellt eine besondere Herausforderung dar. Lehrende müssen darauf achten, dass kollaborative Lernsettings inklusiv gestaltet sind und die Vielfalt der Teilnehmenden berücksichtigen. Diversität in den Gruppen kann nicht nur zu einem tieferen Verständnis der Lerninhalte beitragen, sondern auch die interkulturelle Kompetenz der Studierenden fördern, was in einer globalisierten Arbeitswelt zunehmend an Bedeutung gewinnt (Vgl. Dindas & Oleschko, 2021).

Zusammenfassend lässt sich sagen, dass kollaboratives und soziales Lernen in der Hochschullehre weit über die reine Wissensvermittlung hinausgeht. Es schafft Lernumgebungen, die auf Austausch, Zusammenarbeit und gegenseitige Unterstützung ausgerichtet sind, und stärkt somit nicht nur die fachlichen, sondern auch die sozialen und personalen Kompetenzen der Studierenden. Diese Fähigkeiten sind nicht nur für den Studienerfolg, sondern auch für die berufliche und persönliche Entwicklung von unschätzbarem Wert.

Handlungsempfehlungen für die Hochschullehre

3

In den vorangegangenen Kapiteln wurde herausgearbeitet, dass wirksame Hochschullehre nicht nur auf der Vermittlung von Wissen basiert, sondern auf einem kontinuierlichen Prozess der Reflexion und Anpassung. Lehrende stehen vor der Aufgabe, ihre eigenen didaktischen Ansätze kritisch zu hinterfragen und – wo möglich – weiterzuentwickeln, um den Lernprozess für Studierende zu optimieren. Dabei geht es nicht um einen radikalen Wandel oder die vollständige Neuorganisation der Lehre, sondern vielmehr darum, gezielt Ansatzpunkte zu identifizieren, die eine Verbesserung ermöglichen. Konkrete Handlungsempfehlungen für die Hochschullehre auszusprechen, ist aber eine (vielleicht unmögliche) Herausforderung – zu vielfältig sind die Lehrkontexte, die individuellen Lehrstile und die spezifischen Bedürfnisse der Studierenden. Vielmehr als allgemeingültige Lösungen anzubieten, soll dieses Kapitel noch einmal auf die zentralen Überlegungen der vorherigen Abschnitte verweisen. Es wurde deutlich, dass eine wirksame Hochschullehre nicht durch starre Vorgaben, sondern durch eine kontinuierliche Reflexion der eigenen Praxis gestaltet wird (Vgl. Abschn. 1.1). Analog zur bereits diskutierten Future Skills Literacy (Vgl. Abschn. 1.2) braucht es eigentlich eine Teaching Literacy – ein Bewusstsein und eine Kompetenz, die es Lehrenden ermöglicht, ihre eigenen didaktischen Ansätze fortlaufend zu hinterfragen und weiterzuentwickeln, ganz im Sinne von Reinmann (2024). Dies erfordert eine Veränderungskompetenz im Sinne einer dynamischen und anpassungsfähigen Lehrpraxis (Vgl. Dindas, 2024). Hochschullehre kann nicht statisch sein, sondern muss flexibel auf sich wandelnde Anforderungen reagieren. Entscheidend ist daher nicht die Umsetzung einzelner Methoden, sondern die Fähigkeit, sich als Lehrperson kontinuierlich weiterzuentwickeln und neue Wege zu erproben. Dieses Kapitel soll daher keine abschließenden Anweisungen geben,

K. Keller und H. Dindas, *Innovatives Lehren und Lernen an Hochschulen*, FOM-Edition, https://doi.org/10.1007/978-3-658-49499-5_3

sondern vielmehr Anregungen liefern, um die eigene Lehre bewusster zu reflektieren und – wo sinnvoll – gezielt anzupassen.

Um die eigene Lehre gezielt weiterzuentwickeln, reicht es nicht aus, einzelne Methoden anzupassen – vielmehr braucht es eine bewusste Strukturierung des gesamten Lehr-Lern-Prozesses. Eine zentrale Grundlage hierfür ist die klare Definition von Lernzielen, die den Studierenden Orientierung bieten und die didaktische Planung erleichtern (Vgl. Abschn. 2.3). Ebenso entscheidend ist ein kontinuierlicher Austausch mit den Lernenden (Vgl. Abschn. 2.4): Nur durch regelmäßiges Feedback können Lehrende erkennen, inwiefern ihre Ansätze wirksam sind und wo gegebenenfalls Anpassungen notwendig sind (Vgl. Abschn. 2.2). Zudem ist die Nutzung digitaler Tools von großer Bedeutung (Vgl. Kap. 3). Die Integration von digitalen Ressourcen in den Unterricht kann das Lernen bereichern, indem Lehrende überlegen, wie sie Plattformen für Online-Diskussionen, Videos, Lern-Apps oder simulationsbasierte Tools einsetzen können, um unterschiedliche Lernstile zu bedienen und die Motivation der Studierenden zu erhöhen. Darüber hinaus sollten Lehrende praxisnahe Beispiele, Fallstudien und Gastvorträge aus der Berufswelt in den Unterricht integrieren (Vgl. Abschn. 2.4). Dies trägt nicht nur zur Relevanz des Gelernten bei, sondern fördert auch die Vernetzung zwischen Theorie und Praxis.

Die Förderung von Nachhaltigkeit und Inklusion in der Lehre ist ebenfalls von zentraler Bedeutung (Vgl. Abschn. 2.4). Lehrende sollten Themen der Nachhaltigkeit und des Umweltbewusstseins in ihre Curricula einfließen lassen. Dies kann durch fächerübergreifende Projekte geschehen, in denen Studierende Lösungen für aktuelle Umweltprobleme erarbeiten oder nachhaltige Praktiken in ihren Disziplinen erforschen. Zudem ist es wichtig, ein Bewusstsein für Diversität und Inklusion zu schaffen (Vgl. Abschn. 1.2). Der Lehrplan sollte die Vielfalt der Studierenden widerspiegeln und eine respektvolle Auseinandersetzung mit unterschiedlichen Perspektiven fördern. Lehrende können dies erreichen, indem sie diverse Materialien und Beispiele verwenden und Diskussionsformate schaffen, die die Stimmen aller Teilnehmenden einbeziehen.

Ein weiterer Schritt zur Förderung von Inklusion besteht darin, barrierefreie Lehr- und Lernumgebungen zu schaffen (Vgl. Abschn. 2.4). Die Berücksichtigung der Bedürfnisse aller Studierenden ist entscheidend, weshalb Lehrende darauf achten sollten, dass alle Materialien barrierefrei sind, sei es durch einfache Sprache, Untertitel für Videos oder die Bereitstellung von Inhalten in verschiedenen Formaten. Partizipative Lehrmethoden, durch die die Studierenden in Entscheidungsprozesse rund um die Lehrveranstaltung einbezogen werden, können die Verantwortung und das Engagement der Lernenden erhöhen (Vgl. Abschn. 1.2).

Darüber hinaus sollten Lehrende regelmäßig reflektieren, wie nachhaltig und inklusiv ihre Lehre ist (Vgl. Abschn. 1.2). Die Teilnahme an Schulungen, Workshops oder Peer-Review-Prozessen bietet die Möglichkeit, Ideen auszutauschen und die Lehrmethoden kontinuierlich zu verbessern. Insgesamt lässt sich sagen, dass die Hochschullehre durch die Implementierung praxisorientierter Tipps für didaktische Prinzipien sowie durch eine gezielte Förderung von Nachhaltigkeit und Inklusion an Relevanz gewinnt. Lehrende sind gefordert, ihre Methoden immer wieder zu hinterfragen und anzupassen, um den komplexen Anforderungen des modernen Lernens gerecht zu werden.

Die Handlungsempfehlungen für die Hochschullehre konzentrieren sich folglich darauf, Lernprozesse durch innovative Ansätze und gezielte Unterstützung zu verbessern (Vgl. Kap. 1). Ein systematisches Feedbacksystem, das formative und summative Elemente integriert, stellt eine wesentliche Grundlage dar, um die Reflexion und Selbstregulation der Lernenden zu fördern.

Die systematische Integration von Future Skills in die Hochschulcurricula wird häufig als zentrale Maßnahme zur Vorbereitung der Studierenden auf die Anforderungen der modernen Arbeitswelt angeführt. Allerdings wurde bereits kritisch diskutiert, inwiefern diese Konzepte universell anwendbar sind und ob sie nicht Gefahr laufen, akademische Bildung zu instrumentalisieren. Daher sollte die Auseinandersetzung mit Future Skills nicht als starres Modell verstanden werden, sondern vielmehr als Reflexionsprozess, in dem Hochschulen gemeinsam mit Lehrenden und Studierenden definieren, welche Kompetenzen tatsächlich relevant sind und wie sie sinnvoll gefördert werden können (Vgl. Abschn. 1.2).

Die Berücksichtigung von Individualisierung in Lernprozessen ist ein weiterer Schlüsselaspekt moderner Hochschullehre, um innovative und gerechte Lehrmethoden zu entwickeln (Vgl. Abschn. 2.1). Adaptive Lernsysteme bieten die Möglichkeit, personalisierte Lernwege zu gestalten und so auf die individuellen Bedürfnisse der Studierenden einzugehen (Vgl. Abschn. 2.3). Kollaborative Lernmethoden wie Peer-Learning oder interkulturelle Gruppenarbeiten fördern nicht nur die soziale Einbindung, sondern auch den produktiven Umgang mit Heterogenität (Vgl. Abschn. 2.5).

Insgesamt zeigen die Handlungsempfehlungen eine klare Richtung auf, wie Hochschulen ihre Lehr- und Lernkultur nachhaltig weiterentwickeln können. In den vorangegangenen Kapiteln wurde deutlich, dass Hochschullehre weit mehr ist als die reine Vermittlung von Wissen – sie ist ein dynamischer Prozess, der kontinuierliche Reflexion und Anpassung erfordert. Lehrende stehen vor der Herausforderung, ihre eigenen didaktischen Ansätze kritisch zu hinterfragen und gezielt weiterzuentwickeln, um den Lernprozess für Studierende nachhaltig zu verbessern. Doch anstatt ein allgemeingültiges „Kochrezept" für gute Lehre

zu liefern, wurde in dieser FOM-Edition Kompakt herausgearbeitet, dass erfolgreiche Hochschullehre nicht auf starren Methoden basiert, sondern auf einer Teaching Literacy – einer kontinuierlichen Veränderungskompetenz, die Lehrende
befähigt, ihre Lehre flexibel auf neue Herausforderungen anzupassen. Wer bis
hierhin gelesen hat, hat sich bereits intensiv mit den zentralen Aspekten wirk-
samer Hochschuldidaktik auseinandergesetzt und einen entscheidenden Schritt in
Richtung einer bewussteren und reflektierten Lehrpraxis gemacht.

Um die eigene Lehre gezielt weiterzuentwickeln, genügt es folglich nicht,
einzelne Methoden anzupassen – vielmehr braucht es eine bewusste Strukturierung des gesamten Lehr-Lern-Prozesses. Die Diskussion um Future Skills hat ge-
zeigt, dass die Hochschullehre sich nicht nur an kurzfristigen Trends orientieren
darf, sondern reflektieren muss, welche Kompetenzen tatsächlich für die Zukunft
relevant sind. Eine unreflektierte Implementierung solcher Konzepte birgt die Gefahr der Instrumentalisierung akademischer Bildung. Stattdessen sollte Future
Skills Literacy als ein Prozess der gemeinsamen Aushandlung verstanden werden,
in dem Lehrende und Studierende zusammen definieren, welche Fähigkeiten gefördert werden sollten.

Fazit und Ausblick: Didaktik im Wandel 4

Diese FOM-Edition Kompakt widmet sich der zentralen Fragestellung, wie Lehren und Lernen an Hochschulen zukünftig gestaltet werden können, um den Anforderungen einer sich dynamisch entwickelnden Bildungs- und Arbeitswelt gerecht zu werden. Aufbauend auf didaktischen Prinzipien einer transferorientierten Hochschuldidaktik wurden innovative Ansätze und Strategien umfassend analysiert, um praxisnahe Lösungen zu erarbeiten und konkrete Handlungsempfehlungen für die Hochschullehre abzuleiten. Ziel war es, ein evidenzbasiertes Fundament zu schaffen, das eine Verknüpfung von wissenschaftlichen Inhalten mit berufspraktischen Anforderungen ermöglicht und gleichzeitig die Potenziale digitaler Technologien gezielt einbindet. Dieses Ziel konnte im Verlauf dieser Publikation erreicht werden, indem bestehende Lehrpraktiken kritisch reflektiert und zukunftsorientierte Ansätze entwickelt wurden, die Studierende gezielt mit den notwendigen Kompetenzen und Fertigkeiten für ihre persönliche und berufliche Entwicklung ausstatten.

Die Analyse zeigt, dass ein transferorientierter didaktischer Ansatz ein erfolgreiches Modell darstellt, um den besonderen Bedürfnissen berufsbegleitend Studierender gerecht zu werden. Die gezielte Verknüpfung von Theorie und Praxis ermöglicht nicht nur die unmittelbare Anwendung wissenschaftlicher Erkenntnisse im beruflichen Kontext, sondern trägt auch maßgeblich zur Motivation und zum Lernerfolg der Studierenden bei. Insbesondere praxisnahe Methoden wie Fallstudien, Simulationen und projektbasiertes Lernen erwiesen sich als zentrale Instrumente, um Kompetenzen wie Problemlösungsfähigkeit, kritisches Denken und Eigenverantwortung nachhaltig zu stärken. Diese Prinzipien wurden durch die fortschreitende Digitalisierung erweitert, die den Zugang zu flexiblen und personalisierten Lernformaten erleichtert. Gleichzeitig wurde deutlich, dass die Digitalisierung nicht nur technologische, sondern auch didaktische

K. Keller und H. Dindas, *Innovatives Lehren und Lernen an Hochschulen,* FOM-Edition, https://doi.org/10.1007/978-3-658-49499-5_4

Herausforderungen mit sich bringt. Dies macht eine gezielte Unterstützung und Weiterbildung der Lehrenden erforderlich, um digitale Lehrformate effektiv zu gestalten und deren Potenziale optimal zu nutzen.

Ein weiterer wichtiger Befund ist die Notwendigkeit, Future Skills, Global Skills und Emerging Skills systematisch in die Curricula zu integrieren. Kompetenzen wie Adaptivität, Selbstwirksamkeit und interkulturelle Kommunikation sind essenziell, um Studierende auf die komplexen Anforderungen einer globalisierten Arbeitswelt vorzubereiten. Es wurde verdeutlicht, dass diese Fähigkeiten nicht isoliert gefördert werden können, sondern in interdisziplinäre und praxisorientierte Lehrkonzepte eingebettet werden müssen. Gleichzeitig wurde kritisch hinterfragt, inwiefern die Betonung solcher Kompetenzmodelle die Gefahr birgt, akademische Bildung zu instrumentalisieren und stärker an wirtschaftlichen Anforderungen als an einer umfassenden Bildungsvision auszurichten.

Eine zentrale Rolle in diesem Transformationsprozess spielen die Lehrenden, deren Aufgaben in modernen Lernumgebungen weit über die reine Wissensvermittlung hinausgehen. Sie agieren zunehmend als Moderierende, Unterstützende und Gestaltende interaktiver, digitaler Lernräume. Diese FOM-Edition Kompakt zeigt, dass diese neue Rolle hohe Anforderungen an die didaktischen, technologischen und sozialen Kompetenzen der Lehrenden stellt. Weiterbildungsangebote, die den gezielten Einsatz digitaler Tools und die Integration hybrider Lehrformate fördern, sind unabdingbar, um die Qualität der Hochschullehre langfristig sicherzustellen. Gleichzeitig wurde deutlich, dass Lehrende eine Schlüsselrolle bei der Förderung von Reflexion und Feedback einnehmen, da diese Werkzeuge essenziell sind, um die Selbststeuerung und Kompetenzentwicklung der Studierenden zu unterstützen.

Diese FOM-Edition Kompakt stellt ihre Ergebnisse in den Kontext des bestehenden Forschungsstandes und bestätigt zentrale Erkenntnisse zur Bedeutung aktiver, transferorientierter und digital unterstützter Lernansätze. Gleichzeitig ergänzt sie diesen Diskurs um die spezifische Perspektive berufsbegleitend Studierender, die besondere Herausforderungen und Potenziale für die Hochschulbildung mit sich bringt. Während die Ergebnisse wertvolle Impulse für die Weiterentwicklung der Hochschuldidaktik liefern, müssen die methodischen Limitationen berücksichtigt werden. Da die Analyse vor allem auf Literaturstudien und konzeptuellen Ansätzen beruht, sind empirische Untersuchungen erforderlich, um die Wirksamkeit der vorgeschlagenen Maßnahmen in verschiedenen Kontexten zu validieren. Zudem ist die Übertragbarkeit der Ergebnisse auf andere Hochschulen begrenzt, da die Publikation sich auf die spezifischen Anforderungen berufsbegleitender Studienformate konzentriert. Zukünftige Forschung sollte sich darauf konzentrieren, den langfristigen Einfluss solcher Ansätze zu evaluieren und innovative Technologien wie KI und Learning Analytics stärker in die Hochschuldidaktik zu integrieren. Besonders die Potenziale interdisziplinärer und transdisziplinärer Lernmethoden sollten weiter ausgelotet werden, um den Erwerb globaler Kompetenzen und nachhaltiger Problemlösungsstrategien zu fördern. Darüber hinaus ist es notwendig, die technische und didaktische Infrastruktur an Hochschulen zu stärken, um den Herausforderungen der zunehmenden Digitalisierung gerecht zu werden.

Jedes Konzept braucht Didaktik. Wir dürfen nicht vergessen: Lernen und innere Veränderung sind immer ein emotionaler Prozess (Vgl. Arnold, 2012). Gute Didaktik löst positive Emotionen aus, die den inneren Veränderungsprozess zum Erfolg führen – ob in der virtuellen oder klassischen Präsenzlehre. Eine gute Didaktik unterstützt Lernende dabei, auf die nächste Erkenntnisebene zu gelangen, damit sie für sich und ihr Umfeld das Wirksamste aus den Lernprozessen mitnehmen können.

Die in diesem Werk herausgearbeiteten didaktischen Handlungsprinzipien – Aktivität, Selbststeuerung, Konstruktion, Situativität und Sozialität – verdeutlichen, dass wirksame Hochschullehre mehr ist als die reine Vermittlung von Wissen. Sie ist ein dynamischer, reflektierter Prozess, der sich an den individuellen Bedürfnissen der Lernenden orientiert und sich kontinuierlich weiterentwickeln muss. Letztlich liegt der Schlüssel zu guter Lehre nicht in einer bestimmten Methode oder Technologie, sondern in der Haltung der Lehrenden: der Bereitschaft, die eigene Praxis zu hinterfragen, neue Wege zu erproben und Lehren als gestaltbaren und lebendigen Prozess zu verstehen. Hochschullehre kann und sollte nie statisch sein – sie bleibt immer in Bewegung, genau wie das Lernen selbst.

Was Sie aus diesem Band der FOM-Edition Kompakt mitnehmen können

- Ein vertieftes Verständnis dafür, wie didaktisches Handeln auf gesellschaftliche, technologische und bildungspolitische Veränderungen reagieren kann.
- Inspiration für eine Hochschuldidaktik, die Ambidextrie lebt – also bewährte Strukturen erhält und gleichzeitig offen für Innovation bleibt.
- Orientierung durch übertragbare didaktische Prinzipien, die flexibel an unterschiedliche Fachkontexte und Zielgruppen angepasst werden können.
- Konkrete Anregungen zur Reflexion und Weiterentwicklung der eigenen Lehre – auch jenseits kurzfristiger Trends.
- Ein theoretisch fundierter, praxisnaher Rahmen, der Sie dabei unterstützt, Lernprozesse wirkungsvoll, nachhaltig und partizipativ zu gestalten.

Literatur

Abegglen, S., Burns, T. & Sinfield, S. (Hrsg.). (2023). *Collaboration in Higher Education: A New Ecology of Practice.* Bloomsbury Academic.

Archer, S., Eyster, J. P., Kelly, J. J., Jr., Kowalski, T., & Shanahan, C. F. (2014). Reaching backward and stretching forward. Journal of Legal Education, 64(2), 258–297. https://jle.aals.org/cgi/viewcontent.cgi?article=1043&context=home. Zugegriffen: 5. März 2025.

Arnold, R. (2012). Wie man lehrt, ohne zu belehren. 29 Regeln für eine kluge Lehre – Das LENA-Modell. Carl-Auer.

Berthold, N., Grömling, M., & Schaefer, C. (2023). Die Rolle der Hochschulen im Transformationsprozess: Herausforderungen und Chancen für die akademische Bildung. Institut der deutschen Wirtschaft. https://www.iwkoeln.de/fileadmin/user_upload/Studien/Gutachten/PDF/2023/Rolle_der_Hochschulen_im_Transformationsprozess.pdf. Zugegriffen: 13. März 2025

Biggs J. & Tang, C. (2011). Teaching for Quality Learning at University: What the Student Does (4. Aufl.). Open University Press.

Biggs, J. (1996). Enhancing teaching through constructive alignment. Higher Education, 32(3), 347–364. https://doi.org/10.1007/BF00138871

Biewer, G. (2022). Universal Design for Learning (UDL) als Entwicklungsperspektive für einen inklusiven Unterricht. In J. Frohn, A. Bengel, A. Piezunka, T. Simon & T. Dietze, Torsten (Hrsg.), Inklusionsorientierte Schulentwicklung. Interdisziplinäre Rückblicke, Einblicke und Ausblicke (S. 221–230). Verlag Julius Klinkhardt.

Bloom, B. S., Engelhart, M. D., Furst, E. J., Hill, W. H., & Krathwohl, D. R. (1956). Taxonomy of educational objectives: The classification of educational goals. https://eclass.uoa.gr/modules/document/file.php/PPP242/Benjamin%20S.%20Bloom%20-%20Taxonomy%20of%20Educational%20Objectives%2C%20Handbook%201_%20Cognitive%20Domain-Addison%20Wesley%20Publishing%20Company%20%281956%29.pdf. Zugegriffen: 4. Febr. 2025.

Bohndick, C., Bülow-Schramm, M., Paul, D., & Reinmann, G. (Hrsg.). (2021). Hochschullehre im Spannungsfeld zwischen individueller und institutioneller Verantwortung. Springer.

Braßler, M. (2023). Interdisziplinäres Lehren und Lernen – Eine Betrachtung aus konstruktivistischer, bildungstheoretischer und konstruktionistischer Perspektive. In M. Braßler, S.

Brandstädter & S. Lerch (Hrsg.), Interdisziplinarität: Zur Bedeutung in der Hochschullehre (S. 31–44). Wbv.

Braßler, M. (2022). Die Prüfung von interdisziplinären Kompetenzen im Rahmen des Prinzips des Constructive Alignments. Zeitschrift für Hochschulentwicklung, 17(1), 69–86. https://doi.org/10.3217/zfhe-17-01/05

Brenne, A., Brönnecke, K., & Winkler, A. (2023). Transfer und Transformation – Lehrkräftebildung im Kontext von Digitalisierung, Digitalität und Kunst. Jahrestagung der Wissenschaftlichen Sozietät für Kunst Medien Bildung. Universität Potsdam. https://www.uni-potsdam.de/fileadmin/projects/kunst/Bilder/Fotos-Team/Bookofabstracts.pdf.

Carlos, J. (2024). Impact of digital learning tools on student engagement in high school classrooms in Peru. American Journal of Education and Practice, 8(3), 25–35. https://doi.org/10.47672/ajep.2246.

Chaudhuri, N., Dindas, H., Greinert, M., Hainke, J., Möller, C., Möller, W., & Weitzel, J. (2024). Zukunftsorientierte Lehre – Reflektieren, Gestalten, Inspirieren: Portfolio-Baukasten für die individualisierte Lehrkompetenzentwicklung (Arbeitspapier Nr. 81). Hochschulforum Digitalisierung. https://hochschulforumdigitalisierung.de/wp-content/uploads/2024/09/HFD_AP_81_Reflexionsportfolio_zukunftsorientierte-Lehre.pdf. Zugegriffen: 4. Febr. 2025.

Chieh, L. H. (2025). What is interdisciplinarity in teaching and how can we make it work? https://www.timeshighereducation.com/campus/what-interdisciplinarity-teaching-and-how-can-we-make-it-work. Zugegriffen: 5. März 2025.

Dalsgaard, C. (2006). Social software: E-Learning beyond learning management systems. European Journal of Open, Distance and E-Learning (S. 1–13). https://citeseerx.ist.psu.edu/document?repid=rep1&type=pdf&doi=0649252961b0f0e22bad2c8132b87bbcf6efdbbe.

Deci, E. L., & Ryan, R. M. (1985). Intrinsic motivation and self-determination in human behavior. Springer Science & Business Media. https://doi.org/10.1007/978-1-4899-2271-7

Dewey, J. (1916). Democracy and Education. Macmillan.

Diederichs, T., & Desoye, A. K. (Hrsg.). (2023). Transfer in Pädagogik und Erziehungswissenschaft: Zwischen Wissenschaft und Praxis. Juventa.

Dindas, H. (2025). From giants to innovation: Shaping a global future skills literacy in higher education. In V. Chiou, L. Geunis, O. Holz, N. O. Ertürk, J. Ratkowska-Pasikowska & F. Shelton (Hrsg.), Research and Evidence-based Perspectives in Education (S. 332–344). Diverse Discourses, Connected Conversations.

Dindas, H. (2024a). Auf den Schultern von Riesen in die Zukunft der Hochschulbildung. Eine Neugestaltung der Hochschullehre im Zeitalter von Future, Global und Emerging Skills? In: S. Fichtner Rosada, T. Heupel, C. Hohoff & J. Heuwing-Eckerland (Hrsg.), European Year of Skills 2023 – Kompetenzen für die Zukunft (S. 231–250). Springer Gabler.

Dindas, H. (2024a). Enlightment in the learning process? Aha moments and treshold concepts as effective practical references in higher education teaching. Journal of Higher Education Theory and Practice, 24(10), 89–99.

Dindas, H. (2024c). Humor in science. A tribute to Achim Eschbach and „denkunmögliche Bastarde". Kodikas/Code. An International Journal of Semiotics, 44(1–3), 26–30.

Dindas, H. (2021). Wissenstransfer und Transferkompetenz in Studium und Lehre – Grundlagen und Veranschaulichung am Beispiel der FOM Hochschule. In A. Boos, M. van den Eeden, & T. Viere (Hrsg.), CSR und Hochschullehre: Transdisziplinäre und innovative Konzepte und Fallbeispiele (S. 97–127). Springer.

Dindas, H., & Oleschko, S. (2021). Interaktionsgestalter*innen und Kommunikations-begleiter*innen: Kommunikation im Kontext diversitätssensiblen Lehren und Lernens ge-nauer erkunden. In M.-T. Gruber, K. Ogris & B. Breser (Hrsg.), Diversität im Kontext Hoch-schullehre: Best Practice (S. 75–97). Waxmann.

Dindas, H., & Schulte, F. P. (2024). Social Presence: Der Schlüssel zu effektiverem Lernen in der virtuellen Präsenzlehre? Überlegungen zur virtuellen Körperlichkeit in digitalen Lehr- und Lernsettings. Journal für Allgemeine Didaktik, 12(2024), 84–108.

Dweck, C. S. (2006). Mindset: The New Psychology of Success. Random House.

Ehlers, U.-D., & Eigbrecht, L. (Hrsg.). (2024). Creating the University of the Future. A Global View on Future Skills and Future Higher Education. Springer Fachmedien Wiesbaden GmbH; Springer VS.

Fisseler, B. & Markmann, M. (2012). Universal Design als Umgang mit Diversität in der Hoch-schule. Journal Hochschuldidaktik, 23(2012) 1–2, S. 13–16. https://doi.org/10.17877/DE290R-6751.

Fleischmann, A. (2020). Der Ursprung von Constructive Alignment. John Biggs' und Cathe-rine Tangs Teaching for Quality Learning at University und seine Wirkung. In P. Tremp & B. Eugster (Hrsg.), Klassiker der Hochschuldidaktik? Kartografie einer Landschaft (S. 245–254). Springer.

Freeman, S., Eddy, S. L., McDonough, M., Smith, M. K., Okoroafor, N., Jordt, H., & Wenderoth, M. P. (2014). Active learning increases student performance in science, engineering, and mathematics. Proceedings of the National Academy of Sciences, 111(23), 8410–8415. https://doi.org/10.1073/pnas.1319030111

Gaedke, G., Covarrubias Venegas, B., Recker, S., & Janous, G. (2011). Vereinbarkeit von Arbei-ten und Studieren bei berufsbegleitend Studierenden. Zeitschrift für Hochschulent-wicklung, 6(2), 198–213.

Gerstung, V., & Deuer, E. (2021). Theorie-Praxis-Verzahnung im dualen Studium: Ein Konzep-tioneller Forschungsbeitrag. Zeitschrift für Hochschulentwicklung, 16(02), 195–213.

Global University Leaders Council Hamburg. (2023). Hamburg Declaration. Navigating Competition and Collaboration – The Way Forward for Universities. https://www.hrk.de/fileadmin/redaktion/hrk/02-Dokumente/02-02-PM/2023-06-16_HRK_Koerber_Uni_HH_PM_Declaration_GUC_.pdf. Zugegriffen: 13. März 2025.

Hattie, J. (Hrsg.). (2024). Visible Learning 2.0: Grundlagen, Entwicklungen und aktuelle Studienergebnisse. Bertelsmann.

Hattie, J., & Timperley, H. (2007). The power of feedback. Review of Educational Research, 77(1), 81–112. https://doi.org/10.3102/003465430298487

Hattula, C., Hilgers-Sekowsky, J. & Schuster, G. (Hrsg.). (2021). Praxisorientierte Hochschul-lehre. Insights in innovative sowie digitale Lehrkonzepte und Kooperationen mit der Wirt-schaft. Springer.

Hochschulforum Digitalisierung. (2022). Zukunftsbild Hochschullehre 2025. Diskussions-papier Nr. 18. https://hochschulforumdigitalisierung.de/sites/default/files/dateien/HFDcon_2022_Thesenpapier.pdf. Zugegriffen: 5. März 2025.

Horstmann, N. (2023). Bildung für die Zukunft? Förderung von Future Skills in der Hochschul-lehre. CHE Impulse Nr. 13. https://www.che.de/download/future-skills-2023/.

Huang, H.-M. (2002). Toward constructivism for adult learners in online learning environ-ments. British Journal of Educational Technology, 33(1), 27–37. https://brainmass.com/file/1433703/Article.pdf.

Johnson, D. W., & Johnson, R. T. (1999). *Making cooperative learning work. Theory Into Practice, 38*(2), 67–73. https://doi.org/10.1080/00405849909543834

Kalz, M. & Reinmann, G. (2024). *Erneuerung der Hochschule von Außen nach Innen oder umgekehrt? Kritische Diskussion und Alternativen zur Future Skills-Bewegung. Impact Free 57.* https://gabi-reinmann.de/wp-content/uploads/2024/08/Impact_Free_57.pdf. Zugegriffen: 28. Jan. 2025.

Kerres, M. (2024). *Mediendidaktik. Lernen in der digitalen Welt* (6. Aufl.). de Gruyter.

Konrad, K. (2024). *Selbstgesteuertes Lernen neu denken. Mit neuen Konzepten von der Lehrersteuerung zum Schülerhandeln.* Beltz Juventa. https://doi.org/10.25656/01:30218; https://doi.org/10.3262/978-3-7799-7903-6

Lang, M., & Pätzold, G. (Hrsg.). (2006). *Wege zur Förderung selbstgesteuerten Lernens in der beruflichen Bildung.* Projekt. https://doi.org/10.25656/01:2042.

Liu, D., Bridgeman, A., & Miller, B. (2023). *As uni goes back, here's how teachers and students can use ChatGPT to save time and improve learning. The Conversation.* https://theconversation.com/as-uni-goes-back-heres-how-teachers-and-students-can-use-chatgpt-to-save-time-and-improve-Learning-199884. Zugegriffen: 5. März 2025.

Lübcke, M., Bosse, E., Book, A., & Wannemacher, K. (2022). *Zukunftskonzepte in Sicht? Hochschulforum Digitalisierung.* https://hochschulforumdigitalisierung.de/sites/default/files/dateien/HFD_AP_63_Zukunftskonzepte_in_Sicht_Corona_HIS-HE.pdf

Lübeck, D. (2009). *Lehransätze in der Hochschullehre* [Dissertation, Freie Universität Berlin]. https://refubium.fu-berlin.de/bitstream/handle/fub188/3534/01_Dissertationsschrift_DietrunLuebeck.pdf?sequence=1.

Machado, H. P. V., Sartori, R., & Rosa, P. F. M. (2024). *Beyond the Triple Helix model: Scientific production on the quadruple and quintuple helix. Journal of the Knowledge Economy,* 1–34.

Mayrberger, K. (2024). *(Ambidextrous) Agile Educational Leadership Version 2.0 – (A)AEL.* https://agile-educational-leadership.de/. Zugegriffen: 5. März 2025.

Müller, U., Gröger, G., & Schumacher, H. (2018). *Hochschulische Strategieoptionen im Feld englischsprachiger wissenschaftlicher Weiterbildung. Zeitschrift Hochschule und Weiterbildung, 2*(2), 10–21. https://doi.org/10.25656/01:17942.

Nicol, D. J., & Macfarlane-Dick, D. (2006). *Formative assessment and self-regulated learning: A model and seven principles of good feedback practice. Studies in Higher Education, 31*(2), 199–218. https://doi.org/10.1080/03075070600572090

Odintsova, T. (2024). *ESG competences and skills in lifelong education for sustainability. ETR, 2,* 453–459. https://doi.org/10.17770/etr2024vol2.8091

OECD. (2020). *Lernkompass 2030. OECD-Projekt Future of Education and Skills 2030 Rahmenkonzept des Lernens.* https://www.oecd.org/education/2030-project/contact/OECD_Lernkompass_2030.pdf. Zugegriffen: 13. März 2025.

Ogu, E. N. (2021). *Self-directed learning: It's role in learning and implication for instruction. International Journal of Research and Innovation in Social Science (IJRISS), 5*(12), 653–655. https://rsisinternational.org/journals/ijriss/Digital-Library/volume-5-issue-12/652-655.pdf.

Pengel, N., Thor, A., Seifert, P., & Wollersheim, H. W. (2017). *Digitalisierte Hochschuldidaktik: Technologische Infrastrukturen für kompetenzorientierte E-Assessments. Medien in der Wissenschaft, 72,* 232–238. https://www.pedocs.de/volltexte/2018/16149/pdf/MidW_72_Pengel_et_al_Digitalisierte_Hochschuldidaktik.pdf

Piaget, J. (1974). The grasp of consciousness: Action and concept in the young child. Psychology Press.

Pütz, O., & Döringer, B. (2024): Didaktik der Erwachsenenpädagogik. Ein Arbeitsbuch für die Aus- und Weiterbildung Erwachsener. Tolino media GmbH & Co. KG.

Rhein, R., & Wildt, J. (Hrsg.). (2023). Hochschuldidaktik als Wissenschaft. Disziplinäre, interdisziplinäre und transdisziplinäre Perspektiven. Transcript.

Reinmann, G. (2024a). Gedankenexperiment als Bildungstheoretisches Instrument in der Forschung zu Künstlicher Intelligenz im Hochschulkontext. Impact Free 58. https://gabi-reinmann.de/wp-content/uploads/2024/09/Impact_Free_58.pdf. Zugegriffen: 4. Febr. 2025.

Reinmann, G. (2024b). „Im Idealfall entwickelt eine Lehrperson ihre Lehre beständig weiter." Abgerufen am 13.03.2025, von https://www.forschung-und-lehre.de/lehre/im-idealfall-entwickelt-eine-lehrperson-ihre-lehre-bestaendig-weiter-6230. Zugegriffen: 13. März 2025.

Reinmann, G. (2021). Präsenz-, Online- oder Hybrid-Lehre? Auf dem Weg zum post-pandemischen Teaching as Design. Impact Free 37. https://gabi-reinmann.de/wp-content/uploads/2021/06/Impact_Free_37.pdf. Zugegriffen: 19. März 2025.

Reinmann, G. (2018). Shift from Teaching to Learning und Constructive Alignment: Zwei hochschuldidaktische Prinzipien auf dem Prüfstand. Vortrag im Rahmen der Vortragsreihe zur Hochschuldidaktik an der Freien Universität Berlin. Abgerufen https://www.uni-paderborn.de/fileadmin/bildungsinnovationen-hochschuldidaktik/Publikationen/Vortrag_Berlin_Feb2018.pdf

Reinmann, G. (2016). Gestaltung akademischer Lehre: Semantische Klärungen und theoretische Impulse zwischen Problem- und Forschungsorientierung. Zeitschrift für Hochschulentwicklung. https://doi.org/10.3217/zfhe-11-05/13

Renzl, B. (2003). Wissen in Organisationen – Aspekte eines umfassenden Wissensbegriffes. https://subs.emis.de/LNI/Proceedings/Proceedings28/GI-Proceedings.28-107.pdf. Zugegriffen: 14. März 2025.

Schaumburg, H. (2021). Personalisiertes Lernen mit digitalen Medien als Herausforderung für die Schulentwicklung. Ein systematischer Forschungsüberblick. MedienPädagogik, 41, (Inklusive digitale Bildung), 134–166. https://doi.org /https://doi.org/10.21240/mpaed/41/2021.02.24.X.

Seng, A., & Lippmann, R. (2020). Vielfalt in der Hochschullehre am Beispiel der FOM Hochschule – ein Werkstattbericht. Zeitschrift für Hochschulentwicklung, 15(3), 313–329. https://zfhe.at/index.php/zfhe/issue/view/67.

Schulte, F. P. (2019) Der Kompetenz-Brückenschlag zwischen den Welten – Studiengangsgestaltung für beruflich Qualifizierte an der FOM Hochschule. In B. Hemkes & K. Wilberss (Hrsg.), Durchlässigkeit in der beruflichen Bildung (S. 294–307). BLK.

Schulmeister, R. (2020). Chancen und Grenzen einer Anwesenheitspflicht in Lehrveranstaltungen. Ein Studienreview zu Anwesenheit und Lernerfolg. In D. Großmann, C. Engel, J. Junkermann, & T. Wolbring (Hrsg.), Studentischer Workload. Definition, Messung, Einflüsse (S. 253–270). Springer VS.

Schulmeister, R. (2000). Zukunftsperspektiven multimedialen Lernens. In K.-H. Bichler/Mattauch (Hrsg.), Multimediales Lernen in der medizinischen Ausbildung. Heidelberg.

Schwehr, M. Y. (2022). Digitales Peer-Feedback unter Studierenden: Chancen und Herausforderungen. e-teaching.org. https://www.e-teaching.org/etresources/pdf/erfahrungsbericht_2022_schwehr_digitales-peer-feedback.pdf. Zugegriffen: 4. Febr. 2025.

Stahl, C., da Silva, A., Draghina, M., Fahrner, U., & Schilling, C. (2018). Selbstgesteuertes Lernen mit videobasierten Lernmodulen. Universität Augsburg. https://opus.bibliothek. uni-augsburg.de/opus4/files/66233/IV_4_Stahl_et_al_Selbstgesteuertes_Lernen_Lernmodule_CS.pdf.

Stifterverband. (o. J.). Hochschul-Barometer: Trends und Entwicklungen an Hochschulen in Deutschland. Abgerufen am 13.03.2025, von https://www.hochschul-barometer.de/projekt

Stiftung Innovation in der Hochschullehre (Hrsg.) (2022). Die Zukunft des Lehrens und Lernens. Abgerufen am 05.03.2025, von https://stiftung-hochschullehre.de/wp-content/uploads/2022/12/221130_StIL-Magazin_Web-PDF_highres.pdf

Stroot, T., & Westphal, P. (Hrsg.). (2018). Peer Learning an Hochschulen: Elemente einer diversitysensiblen, inklusiven Bildung. Klinkhardt.

Topping, K. J. (2005). Trends in peer learning. Educational Psychology, 25(6), 631–645. https://doi.org/10.1080/01443410500345172

Trigwell, K., & Prosser, M. (1991). Improving the quality of student learning: The influence of learning context and student approaches to learning on learning outcomes. Higher Education, 22(3), 251–266.

Vygotsky, L. S. (1978). Mind in Society: The Development of Higher Psychological Processes. Harvard University Press.

Wallis, M., & Bosse, E. (2020). Studienrelevante Heterogenität in der Studieneingangsphase am Beispiel der Wahrnehmung von Studienanforderungen. Beiträge zur Hochschulforschung, 3(2020), 8–30.

Wenger, E. (1998). Communities of Practice: Learning, Meaning, and Identity. Cambridge University Press.

Wissenschaftsrat. (2022). Empfehlungen für eine zukunftsfähige Ausgestaltung von Studium und Lehre. https://doi.org/10.57674/q1f4-g978.

Wunderlich, A. (2016). Constructive Alignment. Lehren und Prüfen aufeinander abstimmen. https://www.th-koeln.de/mam/downloads/deutsch/hochschule/profil/lehre/steckbrief_constructive_alignment.pdf. Zugegriffen: 14. März 2025.